네모난 지구가
동그래지기까지

신나고 재미있는 천문학의 역사

네모난 지구가 동그래지기까지

송은영 글 · 김영민 그림

여우오줌

머리말

자연의 신비를 파헤치는 재미있는 과학

　과학의 흐름을 알지 못하면 과학을 참되게 배울 수 없습니다. 그만큼 과학의 역사는 과학을 이해하는 데 더할 나위 없이 중요하지요.

　그런데 우리 과학 교육은 그저 복잡하기 이를 데 없는 공식을 외워 답을 찾아내는 것이었습니다.

　과학을 이렇게 배우는 건 모래 위에 집을 짓는 거나 마찬가지입니다. 모래 위에 집을 지으면 어떻게 되지요? 몇 층도 쌓기 전에 건물이 무너지고 맙니다.

　또 하나 안타까운 사실은 공식만을 외워 답을 찾다 보니 그것이 과학의 전부인 줄 아는 사람이 많아졌다는 것입니다. 그러니 과학이 재미있을 리 없지요.

　'어려운 학문, 따분하고 지루한 학문.'

　이것이 바로 과학의 또 다른 이름이 되었지요.

　그러다 보니 사람들 사이에 이런 생각이 퍼지게 되었습니다.

　'머리만 지끈지끈 아프고, 실생활에는 조금도 쓸모없는 과학

은 해서 뭐해?'

'똑똑하다고 잘난 체하는 사람이나 하는 게 과학 아니야?'

하지만 분명한 건 과학은 정말 재미있는 학문이라는 겁니다.

자연은 신비 덩어리로 똘똘 뭉쳐 있지요. 그걸 파헤치는 학문이 과학인데, 과학이 재미없다니 말도 안 되는 얘기지요.

그렇다면 이런 재미를 느끼려면 어떻게 해야 할까요?

과학자들이 어떤 생각을 했고 얼마나 많은 노력을 기울여 위대한 법칙을 발견했는지를 살펴보아야 한답니다.

그래서 이 책에는 과학자들이 어떻게 과학적인 발견을 했는지를 역사적인 사실들과 알려지지 않은 재미있는 이야기들로 잘 소개했습니다.

이 책이 여러분과 과학 사이에 벌어진 틈을 조금이라도 좁혀 여러분이 과학과 친해지는 데 도움을 줄 수 있다면 좋겠습니다.

글쓴이 송은영

차 례

머리말 자연의 신비를 파헤치는 재미있는 과학 ★ 4

1... 천문학의 탄생

우주와 지구의 탄생 ★ 8
천문학의 탄생 ★ 14
점성술과 천문학 ★ 16

2... 태양력에서 우주의 모양으로

1년 365일 ★ 23
옛 사람의 우주 ★ 31
기쁜 깨달음 ★ 34

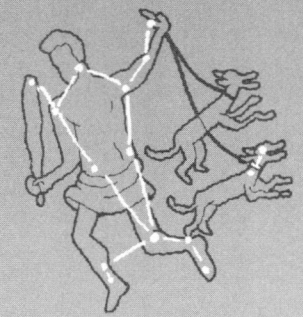

3... 고대 그리스 천문학

원인은 자연에서 ★ 37
피타고라스의 우주 ★ 41
무려 2,000년 동안이나 ★ 45

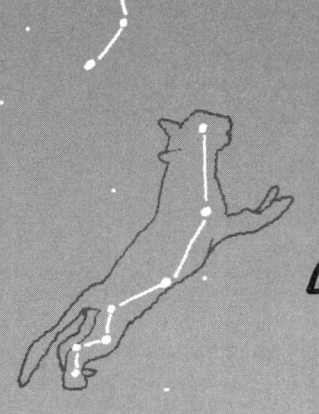

4... 태양이냐, 지구냐

지구를 재다 ★ 50
망원경이 없던 시절의 우주 ★ 56
지구가 중심이다 ★ 60

5... 천문학 혁명

코페르니쿠스의 과학 혁명 ★ 63
두려워한 코페르니쿠스 ★ 68
브루노와 태양 중심설 ★ 72
신성과 혜성을 발견한 티코 브라헤 ★ 79
케플러의 운동 법칙 ★ 85

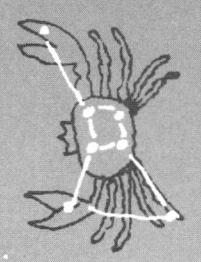

6... 갈릴레이에서 우주 팽창까지

망원경과 갈릴레이 ★ 88
그래도 지구는 돈다 ★ 94
근대 과학을 완성한 뉴턴 ★ 98
태양계 새로운 행성을 예측하다 ★ 102
우주가 팽창하고 있다 ★ 106

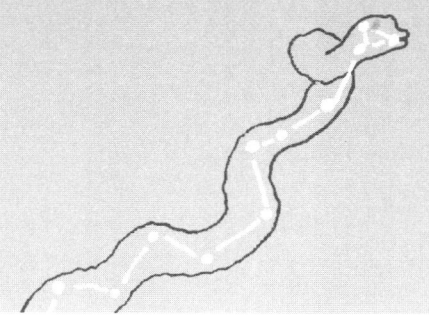

1...... 천문학의 탄생

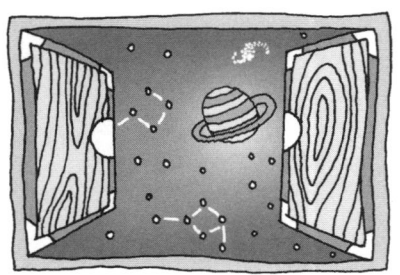

우주와 지구의 탄생

인류가 천문학의 기틀을 마련한 것은 수천 년밖에 안 되었습니다.

대폭발

"꽈과광!"

지금으로부터 150억 년에서 200억 년 사이에 거대한 폭발이 있었습니다. 이 폭발을 가리켜 빅뱅(대폭발)이라고 하지요.

대폭발은 우리 우주가 드디어 문을 활짝 열었다는 것을 알리는 첫 신호였습니다. 갓난아기가 포근한 엄마 뱃속에서 차가운 세상으로 나오면서 '으앙' 하고 우렁차게 울음을 터뜨리는 것처럼 말

이지요.

　우주가 그렇게 탄생한 이후 100억 년가량이 지난 45억 년 전쯤에 어떤 아름다운 행성이 태양계 안에 만들어졌습니다. 그것이 바로 지구입니다. 태양계 속에 흩어져 있던 가스와 여러 물질이 뭉쳐져서 만들어졌지요.

　지구가 태어났을 때 지구에는 여러 공기들이 가득했답니다. 하지만 오늘날 지구를 에워싸고 있는 산소나 질소 같은 공기는 거의 없었습니다. 수증기, 수소, 탄산가스, 암모니아, 메탄 같은 기체가 지구 대기를 가득 채우고 있었지요. 그래서 그때의 공기를 옛날 옛적 공기라는 뜻으로 '원시 대기'라고 부른답니다.

생명체의 탄생

　원시 대기는 생명체가 살아가기에는 적당하지 않은 공기입니다. 여러분도 잘 알고 있듯이, 생명체가 숨 쉬려면 산소가 많아야 하는데, 원시 대기에는 산소가 거의 없었지요.

　그런데 차츰 시간이 흐르자 다행스럽게도 원시 대기에서 여러 종류의 다른 공기가 많이 만들어졌습니다. 암모니아가 분해되면서 질소가 생겨났고, 식물의 광합성 작용으로 산소가 만들어졌으며, 산소는 오존을 듬뿍 만들어 냈지요. 그러면서 새로운 공기가 원시 대기를 몰아내고 지구 대기를 가득 채우게 되었답니다. 산소가 많아졌으니 움직이고 걸어 다니는 생명체가 지구 이곳 저곳에 탄생하는 건 시간문제가 되었지요.

그뿐이 아닙니다. 오존이 지구 상공을 덮자 그 전까지는 거침없이 쏟아져 내리던 태양의 자외선이 더는 마음대로 내려올 수 없게 되었습니다.

자외선은 생물에겐 아주 위험한 빛이기 때문에 그걸 막지 못하면 산소가 아무리 많다고 해도 지구에서 생명체가 살아가기는 어렵답니다. 아니, 살아갈 수 없다고 하는 편이 맞을 겁니다. 그런데 오존이 생겨서 자외선이 지구로 내려오는 것을 막아 주었으니 지구는 생명체가 살기에 더없이 좋은 환경이 된 것이지요.

지구 환경이 생명체가 살아가는 데 유리한 쪽으로 바뀌자, 드디어 지구 곳곳에 다양한 생명체가 천천히 모습을 드러내기 시작했습니다.

식물에 이어 단세포 생물과 무척추 동물이 모습을 드러냈고 그 뒤를 이어서 물고기 같은 어류, 개구리 같은 양서류, 뱀 같은 파충류, 조류가 차례로 모습을 보이며 진화했고, 마침내 젖먹이동물(포유류)이 등장하게 되었습니다.

지금까지 지구 생명체 가운데 젖먹이동물은 굉장히 중요한 위치를 차지하고 있는 생명체랍니다. 왜냐하면 모든 지구 생명체 가운데 가장 우수한 종이 젖먹이동물이고, 그 가운데에서도 가장 최고라고 할 수 있는 만물의 영장, 인간이 젖먹이동물에 속하기 때문이지요.

인류와 문명의 탄생

첫 인류가 지구에 모습을 나타낸 것은 200만 년에서 300만 년 전이었지요. 그 당시 태어난 인류를 오스트랄로피테쿠스와 호모 하빌리스라고 하는데, 생김새뿐만 아니라 행동거지도 요즘 사람보다는 원숭이 쪽에 더 가까웠습니다.

하지만 인류는 그런 모습에서 머물러 있지 않았습니다. 생각하고 또 생각하면서 지식을 쌓아 갔던 것이지요. 그러면서 점점 똑똑해졌고, 호모 에렉투스, 호모 사피엔스, 크로마뇽인 순서로 진화해 나갔습니다. 크로마뇽인은 지금의 인간과 가장 비슷한 인류라고 보면 됩니다.

이렇게 진보해 온 인류는 지금으로부터 4,000년에서 5,000년 전쯤 세계 몇 지역에 큰 문명을 낳았습니다. 이 도시 문명은 모두 세계의 큰 강들을 끼고 있는 지역에 세워졌습니다.

> 티그리스-유프라테스 강 유역의 메소포타미아 문명
> 나일 강 유역의 이집트 문명
> 인더스 강 유역의 인도 문명
> 황하 강 유역의 중국 문명

이곳을 세계의 4대 문명 발상지라고 부르는데, 이렇게 해서 비로소 천문학의 기틀을 마련할 준비가 되었답니다.

천문학의 탄생

먼 옛날 사막의 길 안내자는 밤하늘의 별이었습니다.

모래 가득한 사막에서

별을 가장 먼저 과학적으로 탐구하기 시작한 곳은 어디였을까요? 밤하늘의 별을 그냥 바라보는 것이 아니라, 어느 정도 체계를 가지고 관측하기 시작한 곳이 어디냐는 것이지요. 물론, 세계 4대 문명 발생 지역에서 말입니다.

그곳은 고대 메소포타미아와 이집트입니다. 그렇다면 왜 이들 지역에서 천문학이 가장 먼저 발달했을까요?

이것을 알려면 우선 메소포타미아와 이집트가 어떤 지역인가를 살펴보아야 합니다.

이곳은 온통 모래로 둘러싸인 사막 지역입니다. 모래 구덩이와 뿌옇게 흩날리는 모래 바람 말고는 아무것도 찾아볼 수 없는 사막이지요. 시원하게 뚫린 도로가 나 있는 것도 아니고, 표지판이 군데군데 세워져 있는 것도 아니랍니다. 그런 곳에서 길을 안내해 줄 수 있는 것이 무엇일까요?

그렇지요. 땅이 마땅치 않으니 눈길을 딴 데로 돌려야 할 겁니다. 하지만 그렇다고 바다가 도와줄 수 있는 것도 아니지요. 물이 귀한 사막에서 바다를 찾는다는 건 감나무 아래에 누워 감이 떨어

지기만을 기다리는 것보다 더 희망 없는 일이기 때문입니다.

땅도 아니고 바다도 아니니 믿을 곳이라곤 고개 들어 하늘을 바라볼 수밖에요.

반짝반짝 아름다운 빛을 내뿜는 수없이 많은 별과 해, 달, 수성, 금성, 화성, 목성, 토성이 떠 있는 하늘을 말이지요. 이런 까닭으로 메소포타미아와 이집트 지역에서 천문학이 세계 최초로 탄생한 것이랍니다.

점성술과 천문학
점성술은 천문학 초창기에 자연스럽게 만들어졌습니다.

행성과 태양의 연구

반짝이며 밤하늘을 수놓는 별은 사람의 마음을 끄는 힘이 있지요. 이것은 옛날 사람들에게도 마찬가지였지요.

옛 사람들은 아름다운 별에 자신들이 섬기는 신과 동물의 이름을 붙여 주고 숭배했답니다. 그렇게 해서 별자리 88개가 만들어진 것입니다.

고대 메소포타미아나 이집트에서는 수많은 별뿐만 아니라, 수성, 금성, 화성, 목성, 토성도 열심히 관찰하고 탐구했습니다. 그러면서 우주의 신비를 하나하나씩 알아냈지요. 그들이 밝힌 대표적인 우주 현상 두 가지를 소개하면 이렇답니다.

"별자리의 자리는 계절에 따라서 변한다."
"천체는 한 곳에 머물러 있지 않고 계속 움직인다."

그 사람들은 이런 결과를 꼼꼼히 기록으로 남겼습니다. 시간과 계절에 따라 달라지는 별의 위치와 태양, 수성, 금성, 화성, 목성, 토성의 위치를 자세히 적었습니다. 그러면서 아주 중요한 사실 하나를 알게 되었습니다.

"태양은 하늘의 일정한 길을 따라서 움직인다."

태양이 이동하는 하늘 길을 황도라고 합니다. 하지만 실제로는 태양이 움직이는 게 아니랍니다. 지구가 태양 둘레를 도는 거지요. 지구가 하루에 한 바퀴씩 자전하고 일 년에 한 번씩 태양 둘레를 공전하기 때문에, 태양이 하늘 길을 따라 움직이는 것처럼 보일 뿐이지요.

하지만 지구 모양이 둥글고 지구가 돌고 있다는 사실조차 몰랐으며 믿으려 하지도 않았던 그 옛날 과학 수준으로 이런 발견을 했다는 건 정말 대단합니다. 아무리 칭찬을 해 주어도 아깝지 않은 발견이지요.

그 사람들은 그 뒤로도 쉼 없이 꾸준히 하늘을 탐구했습니다. 따라서 나날이 한층 정밀하고 풍성한 수확을 얻었습니다. 그러고는 마침내 태양이 하루 동안 이동하는 각도와 태양이 한 바퀴를 완전히 도는 데 걸리는 시간을 알아냈지요.

"태양은 황도를 따라서 서에서 동으로 하루에 1도씩 움직이고, 한 바퀴를 완전히 돌고 제자리로 돌아오는 데 1년이 걸린다."

옛 사람은 태양이 지나는 길인 황도를 신성시하고, 거의 같은 간격으로 한 달에 하나씩 12지점으로 나누었지요. 그리고 그 하나하나에 별자리 하나씩을 달아 주고 황도 12궁이라고 불렀습니다. 황도 12궁과 각 달에 해당하는 별자리는 다음과 같습니다.

달	별자리	달	별자리
1월	궁수자리	7월	쌍둥이자리
2월	염소자리	8월	게자리
3월	물병자리	9월	사자자리
4월	물고기자리	10월	처녀자리
5월	양자리	11월	천칭자리
6월	황소자리	12월	전갈자리

[황도 12궁]

지금의 황도 12궁

별자리	날짜	별자리	날짜
양자리	3월21일~4월20일	천칭자리	9월23일~10월21일
황소자리	4월21일~5월20일	전갈자리	10월22일~11월21일
쌍둥이자리	5월21일~6월21일	궁수자리	11월22일~12월21일
게자리	6월22일~7월22일	염소자리	12월22일~1월19일
사자자리	7월23일~8월22일	물병자리	1월20일~2월18일
처녀자리	8월23일~9월22일	물고기자리	2월19일~3월20일

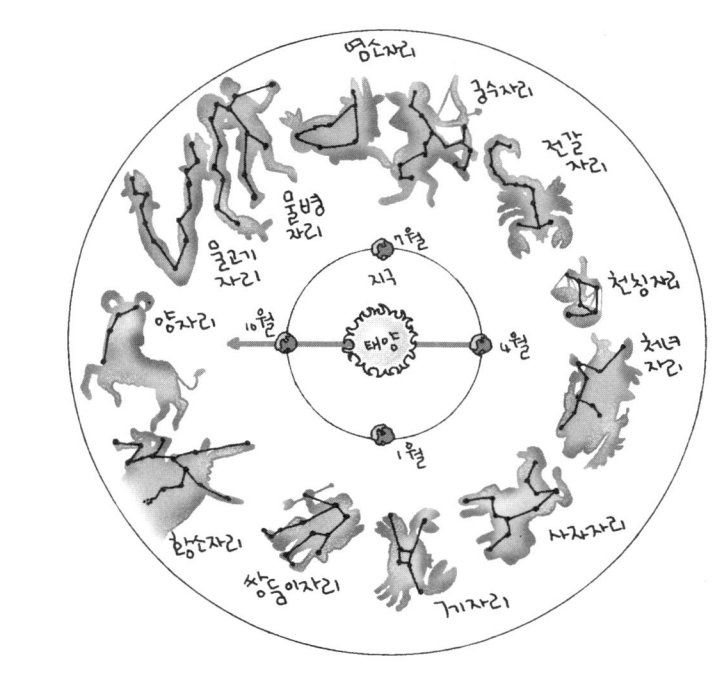

태양은 한 달에 한 궁씩, 각 달의 자리에 위치한 별자리를 하나씩 지나가게 됩니다.

각 별자리와 그에 해당하는 달은 아주 조금씩 서서히 바뀌고 있습니다. 그래서 아주 옛날에는 달과 별자리의 위치가 지금과는 달랐답니다.

점성술의 탄생

천체의 움직임은 보면 볼수록 놀랍습니다. 천체에 대한 연구의 깊이와 폭을 넓혀 갈수록 새로운 사실을 알게 되면서, 옛 사람들은 자연스럽게 다음과 같은 생각을 하게 되었습니다.

"달과 수성, 금성, 화성, 목성, 토성의 움직임이 지구에 영향을 주는 건 아닐까?"

이런 의구심은 날이 갈수록 깊어지고 넓어지더니 마침내 다음과 같은 상상을 하기에 이르렀습니다.

"지구에 낮과 밤이 생기고, 기온이 바뀌고, 계절이 바뀌고, 동물이 자라고, 꽃이 피고, 식물이 자라는 것이 태양과 깊은 관련이 있는 것 같다. 그렇다면 달과 수성, 금성, 화성, 목성, 토성을 비롯한 별자리의 움직임이 지구의 운명과 아주 가깝게 연관되어 있는 게 아닐까?"

옛 사람들은 태양, 별, 행성, 달의 움직임이 개인과 국가의 흥망성쇠와 깊은 관련이 있다고 생각하게 된 것이랍니다. 이렇게 해서

별자리와 천체의 움직임을 통해 개인과 국가의 운명을 점치는 점성술이 태어나게 되었습니다.

오늘날에는 점성술을 과학과는 거리가 먼 미신이라고 보고 있습니다. 하지만 점성술이 처음부터 미신적이진 않았답니다. 개인의 운명이나 국가의 흥망성쇠를 점치기 위해서 몇몇 사람이 모여 아무런 의미 없이 점성술을 만든 게 아니란 말이지요.

별과 천체를 연구하면서 자연스럽게 생긴 결과물이 점성술입니다. 어려운 문제를 고민하다 보면 풀리지 않던 다른 문제까지 저절로 해결되는 뜻밖의 결실을 거두는 것처럼 말이지요. 이렇듯 점성술은 예전에는 천문학 발달에 많은 도움을 주었답니다.

2 ······ 태양력에서 우주의 모양으로

1년 365일

나일 강이 흘러넘치는 것을 막는 방법을 찾다가 1년을 발견하게 되었습니다.

365일의 탄생

고대 메소포타미아 사람은 천문 관측 기록을 많이 남겼는데 그 가운데 훌륭한 업적이 아주 많습니다. 중요한 몇 가지를 예로 들어 보면 이런 것들이지요.

"태양, 달, 수성, 금성, 화성, 목성, 토성은 정해진 모양을 그리며 움직인다."

> "행성이 하늘을 한 바퀴 돌아 제자리로 오는 데 걸리는 시간은 다양하다."

이에 비해 이집트 인이 천문학에 남긴 업적은 그리 많지 않습니다. 하지만 이집트 인이 천문 관측을 완전히 무시한 건 아니랍니다. 메소포타미아 인과 견주었을 때 부족하다는 뜻이지요.

이집트 인이 천문학 분야에서 이루어 낸 업적에서 가장 중요한 것 하나를 들라면 '1년 365일'을 발견한 것입니다. 4~5천 년 전 먼 옛날, 이집트 인이 지금 우리가 사용하고 있는 달력의 기초를 쌓았다는 건 놀라운 일이랍니다.

이집트 인들은 1년이 365일이라는 것을 어떻게 알아냈을까요? 이집트 인이 일찍이 나일 강 유역에서 문명을 크게 일으킬 수 있었던 데에는 기후가 따뜻하면서도 농지에 물을 대기가 편리하다는 점 때문이었습니다.

하지만 모든 일이 다 좋을 수는 없나 봅니다. 좋은 점이 있으면 나쁜 점이 있게 마련이지요. 나일 강 둘레에서 살다 보니 피할 수 없는 심각한 문제가 나타났습니다. 해마다 똑같은 시기가 되면 강물이 넘쳐 홍수 피해를 입었던 것입니다.

나일 강이 넘치는 걸 막을 순 없더라도 언제쯤 넘칠지 예측할 수만 있어도 홍수 피해를 줄이는 데 큰 도움이 될 텐데, 좋은 방법이 없을까?

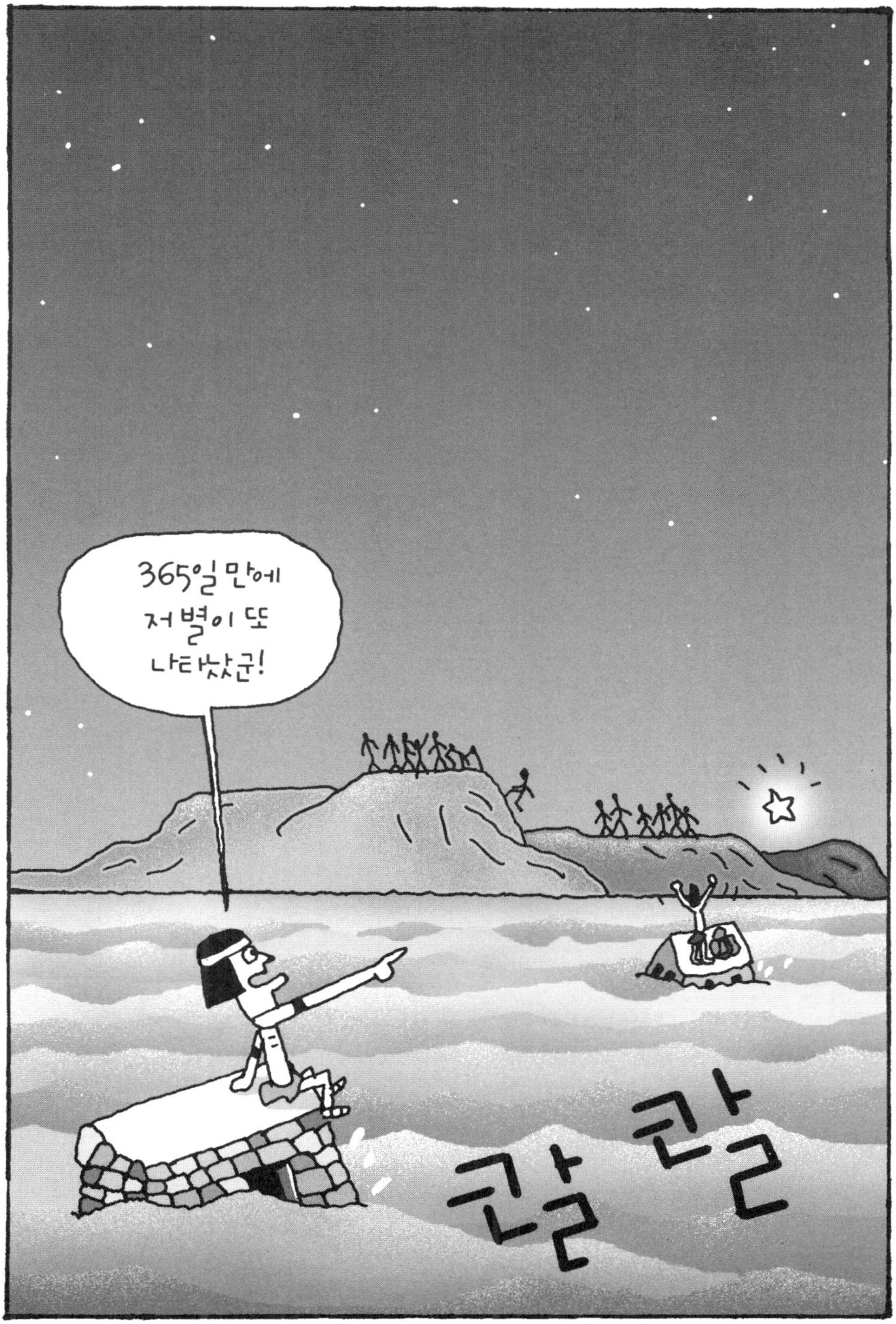
365일 만에
저 별이 또
나타났군!
콸콸

나일 강이 해마다 넘치는 것을 막을 방법을 찾다가 눈에 띈 것이 시리우스 별이었습니다. 나일 강이 넘칠 때마다 밤하늘에 시리우스 별이 나타났던 것이지요.

사람들은 시리우스 별이 나타날 때가 되면 나일 강이 넘친다는 사실을 알게 된 것입니다.

그래서 시리우스 별이 나타나는 기간을 계산해 보니 365일마다 한 번씩 나타났습니다.

그때부터 이집트 인은 이 기간을 1년으로 정해 사용하기 시작했지요. 이렇게 해서 1년 365일이라고 하는 태양력이 만들어진 것이랍니다.

율리우스 달력의 탄생

이집트에서 태양력을 만들어 사용한 지 2~3천 년의 세월이 흐른 뒤였습니다.

자신을 믿고 따르던 부르투스의 칼에 찔려 죽는 순간 "부르투스, 너마저!"라는 유명한 말을 남긴 로마의 황제 율리우스 카이사르가 이집트 원정 길에 올랐지요.

이집트에 도착한 카이사르는 이집트 인이 1년을 365일로 나눈 달력을 사용하고 있다는 사실에 충격을 받았습니다.

'이런 훌륭한 달력을 사용하고 있다니!'

카이사르의 반응은 어찌 보면 당연한 것이었습니다. 당시 로마

는 최고의 문화와 문명을 자랑하는 세계 최고의 국가였기 때문입니다. 그런데 로마 사람들이 쓰고 있는 달력보다 우수한 달력을 이집트 인이 사용하고 있다니 놀랄 수밖에요.

"로마 제국의 것이 최고인 줄 알았는데."

모든 분야에서 세계 최고라는 로마 인의 자부심과 긍지가 무너지는 순간이었습니다.

이집트가 태양력을 사용하고 있을 때, 로마에서는 로마력이라는 달력을 사용하고 있었습니다. 로마 인은 당연히 로마력이 세계 최고의 달력이라고 생각했습니다. 그런데 이집트의 달력과 비교하니까 로마 달력은 모자란 점이 많았습니다.

카이사르는 로마의 달력을 고쳐야겠다고 생각하고는 돌아오자마자 로마력을 고치는 작업에 들어갔지요.

"로마력을 더욱 우수한 달력으로 바꾸는 작업을 당장 진행하도록 하라!"

천문학자들은 밤낮을 가리지 않고 연구를 거듭했고 마침내 이집트 달력보다 정확한 달력을 만들어 내는 데 성공했습니다. 이것이 기원전 46년의 일인데, 이 새로운 달력을 율리우스 카이사르의 이름을 따서 율리우스력이라고 부릅니다.

율리우스 달력은 이집트 인이 쓰던 태양력처럼 1년을 365일로 나누어 정한 것은 같았지만, 4년마다 하루를 보충해야 한다는 사실이 달랐습니다.

그레고리 달력의 탄생

하지만 율리우스력도 완벽하지는 못했습니다. 오랜 세월이 지나자 율리우스력으로 계산한 춘분날이 실제와 어긋난다는 사실이 밝혀지게 되었지요.

이건 정말 심각한 문제가 아닐 수 없었습니다. 왜냐하면 그리스도교에서 매우 뜻 깊은 날로 여기는 부활절을 정하는 기준일이 춘분인데, 율리우스력에 따르면 춘분날이 일정치 않고 바뀌고 있으니 골칫거리가 아닐 수 없었던 것이지요.

율리우스 달력은 1년을 365.25일로 생각했습니다. 하지만 실제로 지구는 365.2422일만에 한 바퀴씩 돌고 있지요. 1년으로 따지면, 11분 14초의 시간 차이가 난답니다. 이 정도의 차이는 별것 아니라고 생각할 수도 있습니다. 그러나 그것이 쌓여 오랜 세월이 흐르자 하루가 넘고 이틀이 넘더니, 16세기가 되자 무려 열흘이나 차이가 나는 것이었습니다. 달력의 오차가 너무 커져 버린 겁니다.

그래서 로마 교회는 춘분날이 제대로 된 새로운 달력을 만들어야 한다고 생각한 것이지요.

새 달력을 만드는 작업은 율리우스 카이사르가 죽고 나서 1,600년쯤 지난 뒤에 이루어졌습니다. 가톨릭 교황 그레고리 13세가 이름 있는 천문학자를 불러 놓고 말했습니다.

"모든 세계인이 공통으로 사용할 수 있는, 율리우스력보다 더욱 정확한 달력을 만들어 주시오."

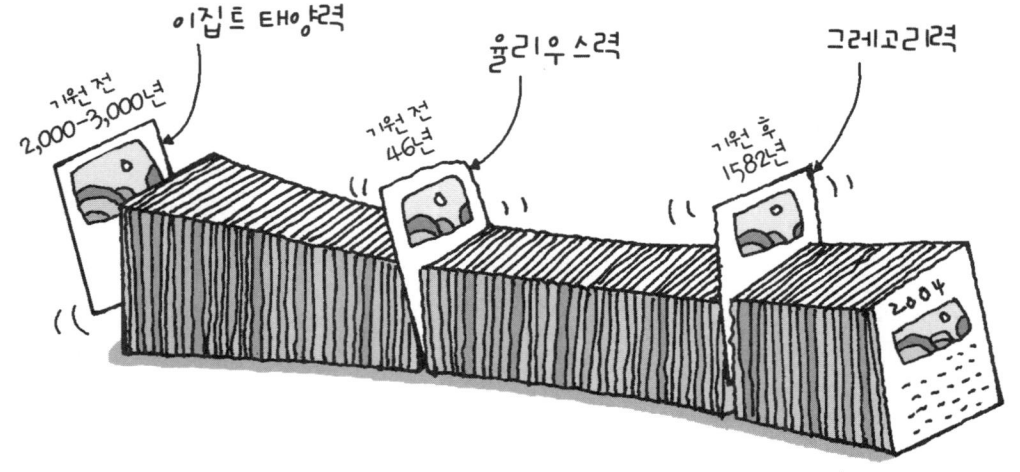

이렇게 해서 만들어진 달력이 그레고리력이랍니다. 오늘날 우리가 쓰고 있는 달력은 그레고리력에 기초해 만든 달력입니다. 그러니까 인류가 지금까지 만든 달력 가운데 가장 정확한 달력이 그레고리력이지요.

하지만 그레고리력이 잘못된 점이 하나도 없는 완벽한 달력은 아니랍니다. 그레고리력에도 고쳐야 할 부분이 있지요. 그렇지만 수많은 국가에서 너무 오랫동안 사용해 왔기 때문에 그냥 사용하고 있는 것일 뿐입니다.

몇 년에 한 번, 몇십 년에 한 번, 몇백 년에 한 번씩 날짜를 조금씩 고쳐 주는 식으로 보완하면서 쓰고 있습니다. 그래서 윤년, 윤달, 윤초라는 말이 생겨난 것이랍니다.

> ## 옛 사람의 우주
> 옛 사람은 신이 모든 일을 조종한다고 믿었습니다.

고대 메소포타미아와 이집트 인이 생각한 우주

고대 중국이나 인도 사람도 세계 4대 문명을 일으킨 옛 사람입니다. 하지만 여기에서 이야기하려는 우주는 고대 중국이나 인도 사람이 생각한 우주가 아니라, 메소포타미아와 이집트 인이 생각한 우주입니다.

현대 천문학이나 천체 물리학은 고대 중국이나 인도 사람이 쌓아 놓은 지식에 의존하고 있지 않습니다. 메소포타미아와 이집트 사람이 이루어 놓은 천문학 지식에서 출발하지요. 그래서 고대 메소포타미아와 이집트 사람이 생각한 우주에 대해서만 알아보는 것입니다.

고대 메소포타미아 사람은 우주가 이렇게 생겼다고 믿었습니다.

> "아래에는 인간이 사는 판판한 땅이 있다."
> "위에는 물로 둘러싸인 공 반쪽 모양의 둥근 천장이 있다."
> "땅과 둥근 천장 사이에는 소용돌이치는 바람이 불고 있으며, '아누'라고 하는 최고신의 지배를 받는 뜨거운 태양과 달과 행성이 있다."

그럼 고대 이집트 인이 생각한 우주는 어떠했을까요? 이집트 인이 생각한 우주도 메소포타미아 인이 생각한 우주와 크게 다르지 않았습니다.

자세한 부분이 조금 다를 뿐이지요. 그들은 우주가 이렇게 생겼을 거라고 믿었습니다.

> "우주의 모양은 사각형이다."
> "몸에 별을 아로새긴 '누트' 여신이 하늘을 둘러싸고 있다."
> "여신은 저녁이 되면 태양을 삼켰다가 새벽이 되면 다시 토해 낸다."
> "여신 아래에 지구가 있다."

옛 사람들의 공통된 생각

위에서 살펴본 것처럼, 옛 사람이 생각한 우주는 조금씩 다른 점을 갖고 있습니다.

하지만 그렇더라도 메소포타미아 인이든, 이집트 인이든, 인도 인이든, 중국인이든 모두 같은 생각을 가지고 있었습니다.

그것은 지구에서 일어나는 모든 일을 하늘에 있는 신이 간섭하고 지휘하며 조종한다는 생각이었습니다.

기쁜 깨달음

인간은 신에 얽매이지 않고 자연을 바라볼 수 있게 되었습니다.

자연의 힘 앞에

옛날 사람들은 자연의 거대한 힘 앞에 저항할 수도 없었습니다. 번개가 번쩍 내리치면 날카로운 불빛에 떨어야 했고, 태풍이 거세게 불어오면 드센 비바람에 한 해 동안 힘들게 지은 농작물을 힘없이 포기해야 했던 건 물론이고, 살던 집까지 한꺼번에 잃기도 했습니다.

솔직히 요즘도 자연의 힘을 이겨 내지 못하기는 마찬가지입니다. 비가 오지 않으면 가뭄에 고통스러워하고, 태풍이 찾아오면 수해를 당해 힘겨워할 수밖에 없으니까요. 다만, 기상 정보를 통해 그런 상황을 미리 알고 대비책을 조금 세울 수 있을 정도지요.

최첨단 과학이 삶을 풍요롭게 해 주고 있다고 하는 21세기에도 자연에 맞서는 상황이 고작 이런데, 눈이나 비나 태풍에 대한 과학적인 분석이라곤 전혀 이루어지지 않았던 그 옛날에, 더구나 기상 위성 같은 건 꿈도 꿔 볼 수 없어서 일기 예보 같은 건 상상조차 할 수 없었던 그 시절에야 어땠겠습니까?

그래서 옛 사람들은 언제나 신에게 정성스러운 제사를 꼬박꼬박 드린 거랍니다. 이렇게 말이지요.

"비 신이시여, 올 한 해는 비를 듬뿍 내려 주시어 풍년이 들게 해 주십시오."

"태풍 신이시여, 올해는 태풍이 찾아와 다 지어 놓은 농사를 망쳐 놓지 않게 해 주십시오."

자연 현상을 깨닫다

하지만 인간은 자연의 강력한 힘 앞에 맥없이 주저앉아 있지만은 않았습니다. 한 걸음 한 걸음 작은 발걸음이었지만 자연에 대응하는 방어책을 세워 나갔지요.

그러면서 자연 현상을 바라보는 생각도 차츰차츰 바뀌기 시작했답니다. 모든 세상일이 신의 뜻이라는 생각에서 벗어나 자연을 올바르게 바라보려는 기쁜 깨달음에 도달한 것이지요.

"병은 악마나 신이 만드는 게 아니라, 병원균이 옮기는 것이다."

"모든 물질은 인간의 눈으로는 보이지 않는 작디작은 원자로 이루어져 있다."

이런 생각과 믿음은 자연에서 일어나는 모든 일을 신에게만 의지하려고 했던 사람에게는 받아들일 수 없는 생각이지요. 하지만 기쁜 깨달음의 깊이가 깊어질수록 신에게 의지하지 않고 자연 현상을 바라보려는 사람이 하나 둘 늘어나기 시작했답니다.

3 ····· 고대 그리스 천문학

원인은 자연에서

고대 그리스 인은 합리적인 생각을 중요하게 생각했습니다.

자연의 비밀을 밝히고자

 옛 사람이 드디어 기쁜 깨달음을 얻기 시작했으니, 관찰과 연구를 거듭해 점점 지식이 늘어났습니다.

 그리고 그 지식을 이용해서 자연의 힘에 도전하려는 노력을 조금씩 기울이기 시작했습니다.

 자연의 본래 모습을 제대로 파악하려는 연구가 마침내 시작된 것이지요.

하지만 모든 일이 하루아침에 이루어질 수는 없는 법이지요. 자연을 알고자 하는 옛 사람의 노력도 서서히 이어졌답니다. 합리적인 생각을 갖고, 꼭꼭 숨어 있는 자연의 비밀을 캐내려고 애썼지만, 처음부터 신을 완전히 무시할 수는 없었습니다. 아직도 신에게 많이 의지했지요.

하지만 그런 분위기는 차츰 바뀌어 갔습니다. 신에게 의지하려는 생각보다 합리적인 생각과 행동으로 자연을 대하려는 흐름이 강해졌지요.

그때가 바로 고대 그리스 시대였습니다. 특히 그리스의 일곱 학자로 우러러지는 탈레스 시대였습니다.

자연 현상의 비밀을 밝히려는 시도가 마침내 문을 열기 시작한 것이지요.

우주의 근본 원리는 무엇일까

고대 그리스에는 자연 철학자라고 하는 대학자들이 있었습니다. 그 사람들이 모두 관심 가졌던 문제는 다음과 같은 것들이었지요.

"우주를 구성하는 기본 물질은 무엇일까?"

자연 철학자들은 저마다 다양한 주장을 내놓았습니다.
우주를 구성하는 기본 물질을 탈레스는 물, 헤라클레이토스는

불, 아낙시메네스는 공기, 엠페도클레스는 흙, 물, 불, 공기라고 본 것입니다.

자연 철학자들의 이런 대답은, 뭔가 좀 멋진 답이 나올 거라고 상상한 사람에게는 실망스러울 수도 있습니다. 어찌 보면 너무 뻔하고 시시해 보이니까요.

하지만 중요한 건 신이나 마술의 힘에 의지하지 않고 끊임없이 자연의 원리를 합리적이고 논리적으로 발견하려고 노력했다는 것이지요.

이런 앞선 노력이 있었기에 지금의 첨단 과학이 가능할 수 있었던 것이고, 21세기 첨단 문명을 이룰 수 있는 것이랍니다. 이 사실을 잊어서는 안 됩니다.

탈레스, 헤라클레이토스, 아낙시메네스, 엠페도클레스 뒤로 자연 철학자들의 의문은 깊어지고 넓어지더니 이내 다음과 같은 생각을 하게 되었습니다.

"우주의 모든 물질이 만들어지고, 변하고 운동하는 근본 원리는 무엇일까?"

그렇다면 그리스 대학자들은 이 물음에 어떤 답을 했을까요?

피타고라스의 우주

피타고라스는 하늘에 떠 있는 물체가 공과 같은 모양이라고 생각했습니다.

수가 최고다

피타고라스는 고대 그리스의 뛰어난 철학자이며, 수학자이자 과학자입니다. 피타고라스는 '수'를 무척이나 귀중하게 여겼지요. 자연 현상의 비밀을 완벽하게 풀어 주는 해답을 '수'에서 찾은 것이지요. 세상의 모든 현상의 중심에는 수가 있다고 믿었기 때문입니다.

피타고라스가 수를 얼마나 높이 평가했는지는 다음과 같은 말만 보아도 알 수 있지요.

"수는 모든 물질을 구성하는 근본이다."

피타고라스는 1, 2, 3, 4에 다음과 같은 의미를 부여했답니다.

"1은 착함을 대표한다. 행복, 질서, 친절과 같이 인간에게 즐거움과 기쁨을 주는 수이다."
"2는 악함을 의미한다. 불행, 혼란, 불친절, 어둠을 뜻하는 수이다."
"3은 흠이 하나도 없는 완전무결한 수이다. 1과 2를 더한 수가 3(1+2=3)이기 때문이다."
"4는 매우 성스러운 수이다. 왜냐하면 1, 2, 3에 4를 더한 값이 10(1+2+3+4=10)을 완벽하게 이루기 때문이다."

그럼, 피타고라스가 생각한 우주는 어떤 모양일까요?

"우주는 원을 그리며 움직인다."

피타고라스는 '어떤 모양이 물체의 가장 완벽한 형태일까?' 하고 생각하다 그 답을 찾았습니다.
여러분은 어떤 모양이라고 생각하나요? 삼각형, 사각형, 오각형일까요?
피타고라스는 '구'라고 믿었습니다. 축구공이나 야구공처럼 둥글게 생긴 공 말이에요. 피타고라스는 그 이유를 다음과 같이 설명했지요.

"구는 시작하는 점도 없고, 끝나는 점도 없다. 그렇기 때문에 구는 그 자체로서 영원하며 완전한 모양이다."

피타고라스는 이런 생각을 천체에 적용했답니다.
"태양과 달이 둥그런 구의 형태를 띠는 건 구가 가장 완벽한 모양이기 때문이다."
피타고라스는 그 생각을 우주까지 이어갔습니다.
"우주 속 모든 천체를 둘러싸고 있는 우주의 모양도 둥근 '구'의 형태이다."

"우주에 존재하는 모든 천체는 원을 그리면서 움직인다. 우주는 세 개의 공간(우라노스, 코스모스, 올림포스)으로 구성돼 있다. 천체는 느리게 운동할수록 더욱 고귀하고 신성하다."

피타고라스가 생각한 우라노스, 코스모스, 올림포스는 다음과 같은 곳이랍니다.

> 우라노스 : 지구와 달 아래에 있는 천한 공간이다.
> 코스모스 : 별과 천체가 움직이는 공간이다.
> 올림포스 : 고귀하고 완전한 신들이 모여 있는 공간이다.

우주가 이렇게 세 부분으로 나뉘어 있다고 생각한 피타고라스의 판단은 분명 비과학적인 것이지요.

그렇지만 행성이 구형이고 천체가 원형 궤도를 돈다는 것은 어느 정도 과학적으로 틀리지 않은 생각이랍니다. 완벽하게 들어맞는 건 아니지만요.

이것에 관한 내용은 이어지는 이야기에서 자세히 알 수 있답니다. 그리고 티코 브라헤와 케플러가 나오는 이야기에서 그 해답이 명확해집니다.

> # 무려 2,000년 동안이나
> 아리스토텔레스는 '인간은 신 아래에 있다'고 생각했습니다.

소크라테스 — 플라톤 — 아리스토텔레스

고대 그리스 후반기에 아주 훌륭한 학자가 나타났습니다. 바로 아리스토텔레스이지요.

철학자 소크라테스의 이름을 들어보았지요? 공자, 석가모니, 예수와 함께 세계 4대 성인의 한 사람으로 받들어지며, '너 자신을 알라'는 유명한 말을 남긴 위대한 학자 소크라테스 말이에요.

소크라테스의 제자가 누군지 아세요? 철학자 플라톤이지요. 그리고 플라톤의 제자가 아리스토텔레스랍니다. 아리스토텔레스는 한때 세계를 손아귀에 넣고 호령했던 알렉산더 대왕의 스승이기도 합니다.

고대 그리스 학문은 이런 계보, 다시 말해 소크라테스에서 플라톤으로 또 아리스토텔레스로 이어지는 흐름을 거치면서 완성되었습니다. 뿐만 아니라, 이들이 쌓아 올린 지식은 서양 사회를 받치고 이끄는 튼튼한 밑거름이 되었으며, 오늘의 과학을 이룬 주춧돌이기도 하지요.

그래서 서양의 역사, 아니 세계의 역사나 과학의 역사(물론 천문학을 포함해서)를 공부하려면 이들 학문을 빼놓을 수가 없는 것이랍니다.

 플라톤은 그리스 아테네에 아카데미아라는 학교를 세웠고, 아리스토텔레스가 그곳에 입학하면서 스승과 제자 사이가 됩니다. 플라톤에게 큰 영향을 받은 아리스토텔레스는 물리학, 천문학, 생물학, 지질학, 철학, 논리학을 비롯해 거의 모든 분야에서 놀랍고 훌륭한 업적을 쌓았답니다.

천상계와 지상계

 아리스토텔레스는 철학자로서 이름이 널리 알려져 있습니다. 하지만 과학자로서도 중요한 업적을 많이 남겼습니다.

 자 그럼, 아리스토텔레스가 천문학 분야에서 어떤 업적을 남겼으며, 그것이 천문학 발전에 얼마만큼 영향을 끼쳤는지 알아볼까요?

 아리스토텔레스는 물체의 움직임을 둘로 나누었습니다.

"물체의 운동은 천상계와 지상계로 구분한다."

 천상계와 지상계의 운동이라, 말이 쉽지 않죠? 하지만 어렵게 생각하지 마세요. 말 그대로 하늘과 땅에서 일어나는 운동이라는 뜻입니다. 천상계의 운동이란 하늘에서 일어나는 운동, 지상계의 운동이란 땅에서 일어나는 운동을 의미하지요.

위계 사상

"천상계와 지상계는 서로 다른 운동을 한다."

운동을 두 가지로 구분했으니 이렇게 나누는 것은 당연합니다. 하늘과 땅에서의 운동이 같을 것이라고 보았다면 굳이 운동을 둘로 나누지는 않았을 테니까요.

아리스토텔레스는 천상계와 지상계의 운동을 이렇게 설명했습니다.

"천상계는 신이 있는 곳이다. 따라서 천상계의 운동은 신성하고 영원불멸하다. 반면, 지상계는 신과는 비교가 안 되는 미천한 동물과 식물 들이 바글거리는 세상이다. 그러니 지상계의 운동은 천하고 잠깐 동안만 지속된다."

위의 생각에서 엿볼 수 있듯이 아리스토텔레스는 하늘과 신은 존귀한 세상이고, 땅과 동식물은 그렇지 않다고 보았습니다. 가장 천한 건 식물이고, 다음은 동물, 인간이며, 신은 가장 존귀하고 신성한 존재이지요. 아리스토텔레스의 이런 주장대로라면 세상은 다음과 같을 것입니다.

"식물은 동물, 동물은 인간, 인간은 절대자인 신에 반드시 복종해야 한다."

이것을 위계 사상이라고 하지요. 아랫사람은 윗사람에게 무조건

복종해야 한다는 것도 위계 사상이지요. 아무리 똑똑하고 잘나도 부모가 종이면 자식도 죽을 때까지 종으로 살아야 하고, 아무리 바보라도 운 좋게 양반으로 태어나기만 하면 잘 먹고 잘살았던 것과 비슷하다고 보면 될 겁니다.

아리스토텔레스는, 천상계는 둥그런 원 운동을 하고, 지상계는 곧게 뻗은 직선 운동을 한다고 믿었습니다. 천사의 머리 위에 둥근 띠가 떠 있는 것도 다 그런 이유 때문이랍니다.

그렇다면 아리스토텔레스의 생각이 과학적으로 옳을까요?

종교적으로는 어떨지 모르겠으나, 과학적으로는 결코 옳다고 주장할 수 없는 생각입니다. 현대 과학의 입장에서 본다면 한마디로 어처구니없는 이론이지요.

그런데 이런 말도 안 되는 천문학 이론이 아리스토텔레스가 죽고 나서도 2,000년이 넘도록 옳다고 받아들여졌습니다. 선뜻 믿어지지 않지요?

아리스토텔레스의 이런 생각은 훗날 코페르니쿠스가 나타나면서 옳지 않다는 것이 밝혀졌습니다.

4 ...... 태양이냐, 지구냐

지구를 재다

에라토스테네스는 간단한 도구만으로 지구의 둘레를 정확하게 쟀습니다.

지구 둘레를 잰 사람

"지구는 둥글다."

이 사실을 모르는 사람은 아무도 없겠지요? 이것은 거역하려야 거역할 수 없는 진실이니까요.

하지만 "아니야, 지구는 둥글지 않아!" 하고 고집 부리는 사람이 있다면 어떻게 하면 좋을까요?

우주에서 지구를 볼 수 있다면 좋겠지만, 그것이 어렵다면 달이

나 우주 공간에서 찍은 지구 사진을 보여 주면 아무 소리도 못 하고 조용해질 겁니다.

그런데 이런 사실을 옛 사람들은 모르고 있었습니다. 지구가 편평하다고 생각했지요. 그래서 앞으로 계속 걸어가면 낭떠러지로 떨어질 거라고 믿었습니다.

그렇다면 지구가 둥글다는 것을 처음으로 발견한 사람은 누구일까요?

정확히 말하면, 우리는 답을 알 수 없답니다. 하지만 지구가 둥글다는 사실을 깨닫고, 지구 둘레를 처음으로 알아낸 사람은 알 수 있지요. 그 사람은 고대 알렉산드리아의 위대한 과학자 에라토스테네스입니다.

그림자 길이가 변하다

일 년 가운데 낮이 가장 긴 하짓날이었습니다. 에라토스테네스는 건물의 기둥과 그림자를 주의 깊게 관찰하고 있었습니다.

"기둥의 그림자 길이가 변하는걸!"

에라토스테네스는 기둥 그림자가 어떻게 달라지는지를 유심히 살폈습니다.

"기둥의 그림자가 짧아지다가 정오가 되니까 사라지는데……."

에라토스테네스는 이 현상이 몹시 흥미로웠습니다. 하짓날 정오가 되면 그림자가 생기지 않는다는 사실이 호기심을 불러일으킨 거지요.

이것은 어찌 보면 아주 평범한 현상입니다. 에라토스테네스 말고도 이 현상을 알고 있던 사람은 그 시대에도 그 이전에도 많았을 테니까요. 하지만 중요한 건 그 사실 자체가 아니라, 그 현상을 보고 나서 '왜'라는 질문을 던진 것이랍니다.

"왜 그림자가 짧아지다가 곧 사라지는 걸까?"

보통 사람은 아무 생각 없이 지나쳐 버리기 쉬운 현상을 다시 한 번 고민해 보는 것, 이것이 훌륭한 과학자가 되는 첫걸음이지요.

그럼, 에라토스테네스는 지구 둘레를 어떻게 알아냈을까요?

지구는 둥글다

에라토스테네스는 다음 사실에 주목했습니다.

"하짓날 정오 무렵이 되면, 이집트 남쪽 시에네 지방은 태양이 수직에 가깝게 뜬다. 하지만 시에네보다 북쪽에 있는 알렉산드리아에는 태양이 그보다 낮은 위치에서 뜬다."

이런 현상이 왜 나타나는 걸까요? 에라토스테네스는 생각에 잠겼지요.

"같은 시각에, 두 지방 사이에 왜 이런 차이가 나는 걸까?"

의문은 쉽게 풀리지 않았습니다. 에라토스테네스는 고민에 고민을 거듭했고, 그 해답을 그림자에서 찾았습니다.

"태양이 뜬 위치가 다르니까, 그림자 길이도 다를 거야!"

에라토스테네스는 시에네와 알렉산드리아에서 같은 시각에 그림자를 잰다면 길이가 같지 않을 거라고 예측한 겁니다.

에라토스테네스는 자기 판단이 맞는지를 알아보려고, 같은 날 시에네와 알렉산드리아에 세워 놓은 막대기의 그림자 길이를 재어 보았습니다. 예측은 틀리지 않았습니다. 막대기 길이는 같았지만 그림자 길이는 달랐던 거지요.

에라토스테네스는 다시 고민에 빠졌습니다.

"왜 이런 일이 일어나는 걸까?"

에라토스테네스는 생각했고, 결국 답을 찾아냈습니다.

"지구가 둥글기 때문이다!"

지구가 편평하지 않기 때문에 시에네와 알렉산드리아에서 잰 막대기의 그림자 길이가 달랐던 것입니다.

지구가 둥글다는 걸 확신한 에라토스테네스는 지구 둘레를 재는 작업에 들어갔습니다.

지구 둘레를 계산하려면 두 가지가 필요했습니다. 하나는 시에네와 알렉산드리아 사이의 각도이고, 또 하나는 두 지방 사이의 거리였습니다.

이 가운데 각도 차이는 막대기의 그림자를 이용해서 구할 수가 있습니다. 그 값은 7도 정도였지요. 하지만 시에네와 알렉산드리아 사이의 거리는 직접 재는 수밖에 없었습니다. 에라토스테네스는 한 사내를 고용했지요.

"알렉산드리아에서 시에네까지 걸어서 그 거리를 발걸음으로 재어 오게나."

사내가 걸은 발걸음 수와 평균 걸음 폭을 곱하면 시에네와 알렉산드리아의 거리를 알 수 있을 테니까요. 이렇게 해서 구한 두 지방 사이의 거리는 900km쯤이었습니다.

시에네와 알렉산드리아의 각도 차이 : 7도
시에네와 알렉산드리아 사이의 거리 : 900km

지구 둘레 계산

에라토스테네스는 이 두 값을 사용해서 지구 둘레를 알아냈는데, 다음과 같은 간단한 계산 방법을 이용했답니다.

"시에네와 알렉산드라아의 각도 차, 7도는 360도의 50분의 1쯤이다. 그러니 지구 둘레는 두 지방이 떨어진 거리의 50배가 되어야 한다. 따라서 지구 둘레는 두 지방의 떨어진 거리에 50을 곱한 45,000km(50×900km)가 되어야 한다."

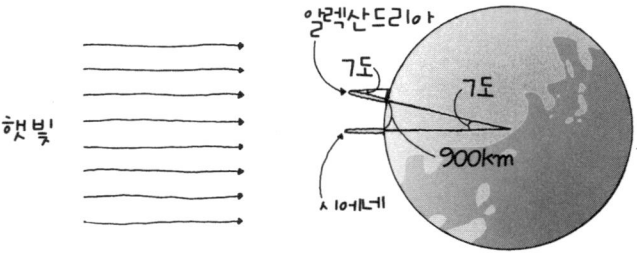

오늘날 최첨단 기기로 정밀하게 잰 지구 둘레는 40,000킬로미터 남짓입니다. 에라토스테네스가 계산한 값과 얼마 차이가 나질 않지요.

무려 2,200년 전쯤에 막대기와 인간의 발걸음, 과학을 좋아하는 열정적인 두뇌만으로 지구 둘레를 이처럼 정확하게 측정해 냈다는 것은 놀라운 일입니다.

망원경이 없던 시절의 우주

아리스타르코스와 헤라클레이데스는 태양이 중심인 우주를 제안했습니다.

망원경이 없었지만

망원경 없이 하늘을 자세히 연구하기는 매우 어렵습니다. 아니, 거의 불가능하다고 하는 게 더 맞을지도 모릅니다. 하늘의 별과 천체를 관측하는 데 망원경은 없어서는 안 되는 실험 관측 장비입니다.

하지만 천문학이 처음 시작될 때는 망원경이 없었습니다. 망원경은 16세기에 들어와서 처음 만들어졌으니까요.

그런데도 기원전 5세기 무렵 천문학은 발달해 있었습니다. 물론, 오늘날 우리가 알고 있는 우주와는 거리가 있지만요. 자, 그럼 옛 사람들이 제시한 우주는 어떤 것들이었는지 알아볼까요?

플라톤과 에우독소스의 우주

고대 그리스 시대의 철학자이고, 소크라테스의 제자이며 아리스토텔레스의 스승이기도 한 플라톤은 이렇게 주장했습니다.

"별은 영원하고 신성하다. 그리고 지구 둘레를 매일매일 하나의 길을 따라서 완전한 원을 그리며 돈다."

플라톤은 별이 지구를 중심으로 돌고 있다고 주장했습니다. 지구 중심의 우주를 생각한 것이지요.

이런 생각은 그때만 해도 옳다고 받아들여졌답니다. 플라톤의 영향력이 대단했기 때문입니다.

플라톤의 학식이 아주 높았기 때문에, 플라톤의 생각에 반대한다는 건 있을 수 없는 일이었지요.

그런데 플라톤의 주장에 반대하는 학자가 나타났습니다. 바로 에우독소스입니다.

에우독소스는 플라톤의 우주에서 틀린 곳을 지적했습니다.

"달, 수성, 금성, 태양, 화성, 목성, 토성을 비롯해 모든 별이 오로지 하나의 길을 따라서 돈다는 주장은 받아들이기 어렵다. 나는 행성이나 별들이 하늘에 나 있는 여러 길을 따라서 다양하게 돌아야 한다고 생각한다."

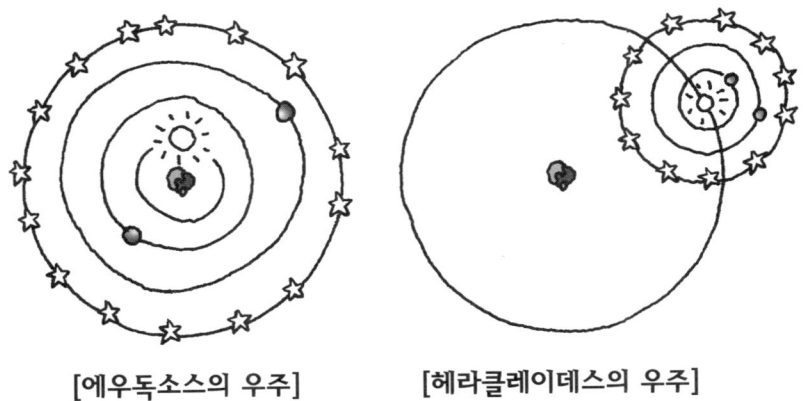

[에우독소스의 우주]   [헤라클레이데스의 우주]

에우독소스는 달이 움직이는 길이 다르고, 태양이 움직이는 길이 다르며, 여러 별들이 움직이는 길이 다르다고 주장한 거지요. 그리고는 플라톤의 생각이 잘못된 까닭을 덧붙였습니다.

"플라톤의 우주가 틀린 것은 관측을 무시했기 때문이다. 플라톤은 실제로 하늘을 관찰하지 않고 책상에 앉아 상상으로만 우주를 그렸다."

이런 까닭으로 에우독소스를 가리켜 천문학에서 관측의 중요성을 처음으로 말한 학자라고 한답니다.

아리스타르코스와 헤라클레이데스의 우주

플라톤과 에우독소스의 우주는 조금 다릅니다. 그렇지만 별들이 지구를 중심으로 돈다는 생각은 같았지요.

하지만 이런 생각을 철저하게 거부한 학자들이 나타났습니다.

그 가운데 아리스타르코스와 헤라클레이데스가 가장 많이 알려져 있습니다.

"에우독소스의 우주는 기초부터 틀렸다."

아리스타르코스와 헤라클레이데스는 그 까닭을 다음과 같이 설명했습니다.

"에우독소스는 달, 수성, 금성, 화성, 목성, 토성을 비롯한 모든 별이 지구 둘레를 돈다고 주장했다. 하지만 우리는 하늘의 천체가 태양의 둘레를 돌고 있다고 믿는다."

아리스타르코스와 헤라클레이데스는 태양이 중심인 우주를 제안한 것이지요.

누구 말이 맞을까요? 우리는 행성이 태양 둘레를 돌고 있다는 아리스타르코스와 헤라클레이데스의 주장이 옳다는 것을 이미 알고 있지요. 하지만 아리스타르코스와 헤라클레이데스의 주장은 받아들여지지 않았습니다. 그 까닭은 다음과 같습니다.

"지구는 신과 연락을 할 수 있는 인간이 살고 있는 곳이다. 그처럼 존귀한 지구가 우주의 중심을 차지하지 못한다는 건 말도 안 된다. 그러니 어찌 천체가 태양 둘레를 돌고 있다고 말할 수 있겠는가?"

이런 생각은 종교 지도자들의 믿음과 똑같았습니다. 그러니 아리스타르코스와 헤라클레이데스의 우주는 종교와 심하게 부딪칠 수밖에 없었지요.

결론은 종교 지지자들의 승리로 끝났답니다. 종교 지지자들은 아리스타르코스와 헤라클레이데스를 욕하고 저주하며 이단자라는 누명을 씌워 고발했습니다.

그래서 아리스타르코스와 헤라클레이데스가 말한 태양 중심의 우주는 오랫동안 사람들의 기억에서 잊혀지게 되었답니다. 1,000년쯤 지나 천문학자인 코페르니쿠스가 태양 중심설을 부활시키기 전까지 말입니다.

지구가 중심이다

프톨레마이오스는 지구가 중심인 우주를 완성했습니다.

하늘이 움직인다

아리스타르코스와 헤라클레이데스가 제안한, 우주의 중심이 태양이라는 주장이 사라지자, 지구가 우주의 중심이라는 주장이 더욱 힘을 얻게 되었습니다.

그러자 대다수 천문학자들은 지구가 우주의 중심이라는 주장을 발전시키려고 많은 노력을 기울였습니다. 특히 아폴로니우스와 히파르코스 같은 학자가 그랬습니다.

지구가 우주의 중심이라는 주장을 마지막으로 완성한 천문학자는 프톨레마이오스입니다. 지구가 중심인 우주를 천동설(하늘이 움직인다는 뜻의 한자말)이라고 하고, 태양이 중심인 우주는 지동설(지구가 움직인다는 뜻의 한자말)이라고 합니다. 그러니까 프톨레마이오스는 천동설을 완성한 천문학자입니다.

알마게스트

프톨레마이오스는 아폴로니우스와 히파르코스가 연구한 것에 자기 생각을 덧붙여서 《알마게스트》라는 책을 발표했습니다. '알마게스트'란 아랍어로 '위대한 책'이라는 뜻이지요. 《알마게스트》는 천동설을 대표하는 책으로, 지구 중심의 우주에 관한 자료를 완벽하게 모아 놓았습니다.

프톨레마이오스는 《알마게스트》에서 이렇게 주장했습니다.

"하늘과 지구는 공 모양을 하고 있으며, 고귀한 존재이기 때문에 어떤 운동도 해서는 안 된다."

덧붙여 프톨레마이오스는 지구가 움직여서는 안 되는 까닭을 이렇게 설명했습니다.

"지구가 돌면, 지구에 있는 모든 것들, 이를테면 동물, 식물, 사

람, 집, 돌덩이 따위가 순식간에 날아갈 것이다. 뿐만 아니라, 도는 힘을 끝내 견디지 못하고, 지구도 산산이 부서질 것이다. 그렇기 때문에 지구는 항상 멈춰 있어야 한다."

프톨레마이오스가 주장한 우주는 큰 환영을 받았습니다. 종교 지도자들이 생각하는 우주와 너무도 잘 맞았기 때문이지요. 그래서 프톨레마이오스의 천동설은 천 년이 넘도록 진리로 받아들여졌답니다.

5 ······ 천문학 혁명

코페르니쿠스의 과학 혁명

코페르니쿠스는 태양이 중심인 우주가 옳다는 것을 알아냈습니다.

과학 혁명에 불을 댕기다

16, 17세기경 유럽에는 놀랄 만한 여러 사건이 계속 일어났습니다. 그런데 특이한 건 그것이 과학 분야에서 많이 일어났다는 것입니다. 그래서 그것을 '과학 혁명'이라고 부른답니다.

모든 일에는 처음으로 시작한 사람이 있습니다. 그렇다면 과학 혁명에 처음으로 불을 댕긴 사람은 누구였을까요? 앞 이야기에서 두서너 번이나 나왔던 한 천문학자입니다. 바로 코페르니쿠스입니다.

코페르니쿠스의 과학 혁명은 자연을 바라보는 방식을 완전히 뒤바꾸어 놓고, 온 세계를 발칵 뒤집어 놓은 혁신을 가져왔습니다.

코페르니쿠스가 천문학에서 대체 어떤 발견을 했기에 온 세계가 엄청난 혼란에 빠지게 되었을까요?

코페르니쿠스는 프톨레마이오스의 이론을 당당히 거부했습니다. 절대 변하지 않는 진리라고 여겨졌던 프톨레마이오스의 지구 중심 우주를 과감히 무너뜨린 것이지요. 다시 말해, 천동설이 옳지 않다는 걸 밝힌 것입니다.

코페르니쿠스의 업적

코페르니쿠스는 이렇게 생각했습니다.

"신이 있고, 그 분이 정말 위대하다면, 우주를 복잡하게 만들지 않았을 것이다."

그런데 프톨레마이오스가 주장한 지구 중심 우주는 그리 단순하지가 않았습니다. 머리가 어찔어찔하고 눈이 휙휙 돌아갈 만큼 복잡했지요. 이것은 코페르니쿠스가 받아들이기 쉽지 않은 이론이었습니다.

"왜 이렇게 복잡하지?"

프톨레마이오스의 우주를 공부하고 나서 코페르니쿠스는 혼란에 빠졌습니다. 그래서 프톨레마이오스의 우주에 의문을 품기 시

작한 것이지요.

"신이 우주를 복잡하게 만들지 않았을 거라는 생각엔 변함이 없다. 그런데 프톨레마이오스가 주장하는 우주는 몹시 복잡하다. 내 생각이 맞는지, 프톨레마이오스의 판단이 옳은지를 가려 보아야겠다."

코페르니쿠스는 도서관에 가서 우주에 관한 책이란 책은 가리지 않고 모두 다 뒤졌습니다. 그러면서 자기 생각이 틀리지 않다는 확신을 갖게 되었습니다.

이미 오래 전에 천동설이 틀렸다고 주장한 천문학자가 있다는 사실도 알게 되었습니다. 특히 아리스타르코스와 헤라클레이데스의 태양 중심 우주는 깊은 감동을 주었지요.

코페르니쿠스는 용기와 자신감을 얻었고, 지구 중심 우주를 발전시키는 데 온 힘을 아끼지 않았습니다. 그런 노력은 무려 30년이 넘도록 계속 되었지요.

밤낮을 가리지 않고 이어진 끈기 있는 연구 끝에 마침내 태양 중심 우주를 완성해 냈답니다.

이 업적은 과학 혁명의 불을 한층 더 댕기는 도화선이 되었습니다. 과학자들이 코페르니쿠스의 발견을 아주 높게 평가하는 이유가 바로 여기에 있습니다.

두려워한 코페르니쿠스

코페르니쿠스의 책이 나오자, 지구는 우주의 중심이 아니게 되었습니다.

발표를 꺼린 까닭

코페르니쿠스가 태양 중심설(지동설)을 알아낸 것은 아무리 칭찬해 주어도 아깝지 않은 놀랄 만한 업적이었습니다.

그런데 이해가 안 되는 일이 벌어졌습니다. 코페르니쿠스는 30년이라는 기나긴 세월 동안 온 힘을 바쳐서 이뤄 낸 위대한 발견을 세상에 내놓길 꺼린 것이었습니다.

왜 그랬을까요?

두려웠기 때문이지요. 코페르니쿠스는 지동설이 세상에 알려졌을 때 돌아올 반응을 몹시 걱정했습니다. 사람들은 당연히 지구가 우주의 중심이라는 프톨레마이오스의 우주를 믿었는데, 태양이 우주의 중심이라고 하면 어떤 일이 벌어질지는 어린아이라도 알 수 있는 일이었습니다.

온갖 험담과 갖은 욕설이 들려올 건 불을 보듯 뻔한 일이었지요. 이단자로 따돌림 당할 것은 말할 것도 없고, 돌팔매질을 당해 맞아 죽을지도 모를 일이었습니다.

그래서 코페르니쿠스는 이런 사태를 짐작하고 자신이 발견한 이론을 발표하는 데 주저한 것이랍니다.

책의 출판

진실은 반드시 밝혀지게 마련입니다. 더구나 자연의 비밀을 밝혀내 인류 발전에 큰 도움을 준 코페르니쿠스와 같은 경우는 더더욱 그렇지요.

애써 감추려 했지만 코페르니쿠스의 지동설은 알게 모르게 조금씩 퍼져 나갔습니다. 그리고 코페르니쿠스의 생각에 찬성하는 천문학자가 하나 둘 나타나기 시작했습니다.

"코페르니쿠스 씨, 당신이 알아낸 태양 중심설을 책으로 출판하는 게 어떻겠습니까?"

코페르니쿠스는 단호하게 거절했습니다.

"그렇게 할 수는 없소."

그렇지만 사람들의 의지도 만만치가 않았지요. 물러서지 않고, 코페르니쿠스를 끈질기게 설득했답니다.

"생각을 다시 해 보시죠."

하지만 코페르니쿠스는 매몰차게 거절했습니다.

사람들은 '열 번 찍어서 안 넘어가는 나무가 없다'는 말처럼 책을 출판하자고 끝도 없이 설득했습니다.

그러자 코페르니쿠스의 완강한 마음도 차츰차츰 허물어지기 시작하더니, 집요한 설득에 더는 버티지 못하고 허락을 하게 되었답니다.

"좋습니다. 제 원고를 책으로 출판하겠습니다."

코페르니쿠스의 책 출판은 몇몇 사람만 알고 있을 정도로 비밀스럽게 진행되었습니다. 그도 그럴 것이 자칫 잘못해서 지동설에 관한 책을 출판한다는 얘기가 천동설 지지자들 귀에 흘러 들어가기라도 하면, 코페르니쿠스는 물론이고 출판하려는 사람들까지도 무사하지 못할 것이기 때문이었습니다.

책은 코페르니쿠스가 세상을 떠나기 바로 전인 1543년에 나왔습니다. 죽기 전에 책을 볼 수 있게 되어서 참 다행이었지요.

책은 《천구의 회전에 관하여》라는 제목으로 출판되었습니다.

이 책 머리말에는 다음과 같이 적혀 있었습니다.

"이 안에 담긴 내용은 사실을 말한 것이 아닙니다. 심심풀이로 수학적 계산을 해 본 것에 지나지 않습니다."

그리고 다음과 같은 말도 함께 덧붙였습니다.

"이 책을 교황 바오로 3세에게 바칩니다."

용기를 내어 책으로 만들기는 했지만 뒤에 돌아올지 모를 화를 미리 막아 보려는 생각에서 이런 글귀를 책 앞에 집어넣은 것이지요. 하지만 중요한 건 코페르니쿠스의 지동설에 관한 내용이 책으로 인쇄되어 세상에 알려지게 되었다는 것입니다.

《천구의 회전에 관하여》의 중요성

《천구의 회전에 관하여》는 아주 중요한 의미를 갖는 책입니다. 이 책이 출판되고 나서 과학 혁명의 불이 온 세계에 거세게 일어

났기 때문이지요. 코페르니쿠스는 《천구의 회전에 관하여》에 이렇게 적고 있습니다.

"지구는 우주의 중심이 아니다. 지구는 수성, 금성, 화성처럼 태양 둘레를 도는 하나의 행성에 지나지 않는다."

이 문장에는 매우 의미심장한 뜻이 담겨 있지요. 지구는 우주의 중심이 아닐 뿐만 아니라, 인간이 최고 존귀한 존재가 아니라는 뜻입니다. 드넓은 우주에서 인간이란 한낱 좁쌀에 지나지 않은 존재라는 말이지요.

이렇게 해서 천문학의 발전을 가로막고 있던 프톨레마이오스의 우주론(천동설)이 사라지게 되었습니다.

브루노와 태양 중심설

브루노는 태양 중심설을 지지해서 불에 타 죽었습니다.

혼돈에 빠진 브루노

코페르니쿠스의 지동설은 세상을 바라보는 시각을 뒤바꿔 놓을 만큼 대단한 충격을 안겨 주었습니다. 그러니 그것이 사회에 끼친 영향이 어땠을지는 충분히 상상이 가겠지요?

코페르니쿠스의 태양 중심설이 책으로 묶여 나오고 몇 년이 지나, 이탈리아에 브루노라는 사람이 태어났습니다. 브루노는 열심히 공부해서 르네상스 시대를 대표하는 훌륭한 학자로 자라났습니다. 그런데 이 위대한 학자가 언제부터인지 혼돈에 빠져 버리고 말았습니다.

"이해할 수 없어. 태양이 지구 둘레를 도는 것 같지 않은데, 왜 그렇다고 가르치는 걸까?"

브루노는 종교계가 열렬히 지지하는 지구 중심설이 맞지 않다고 생각한 것이지요. 그렇다고 해서 우주가 태양을 중심으로 돌아간다고 확신하지도 못하고 있었습니다.

하지만 브루노는 곧 태양 중심설이 옳다는 결론을 내렸습니다. 그 까닭은 코페르니쿠스의 책《천구의 회전에 관하여》때문이었습니다.

이단자로 낙인찍힌 브루노

천동설이 틀렸다는 것을 확신하게 되었으니, 답은 명확해졌습니다. 더 주저할 필요가 없었지요. 브루노는 과감히 사람들 앞에 나섰습니다.

"여러분, 지구 중심설은 틀린 이론입니다. 태양 중심설이 바른 이론입니다."

브루노는 지동설의 열렬한 지지자가 되었습니다. 이런 외침은 서서히 이탈리아 곳곳으로 퍼져 나갔습니다. 그러자 브루노의 생각을 믿으려는 사람들이 나타나기 시작했지요.

하지만 브루노의 활동은 오래 가지 못했습니다. 그런 브루노를 곱지 않은 눈으로 바라보는 사람들이 있었기 때문이지요. 그 사람들은 대책 회의를 열었습니다.

"브루노를 막아야 하지 않을까요?"

"나도 그렇게 생각합니다."

"그럼, 하루 빨리 막읍시다."

"하지만 제 풀에 지칠지도 모르니, 조금만 더 기다려 봅시다."

첫 대책 회의는 일단 이렇게 끝이 났습니다. 그 사람들은 브루노가 무슨 일을 하는지 철저히 감시했습니다. 조금 있으면 나아질 거라는 막연한 기대를 하면서 말이지요.

하지만 결과는 생각과 반대로 가고 말았습니다. 지동설에 대한 열기가 식기는커녕 나날이 끓어올랐습니다.

그 사람들은 또다시 부랴부랴 대책 회의를 열었습니다.

"더 이상은 안 되겠습니다."

"그래요, 브루노를 그냥 내버려두었다간 국민이 온통 혼란에 빠질 겁니다."

"그렇게 되면 지동설을 반대하는 우리들도 온전할 수는 없을 겁니다."

"어떻게 하는 게 좋을까요?"

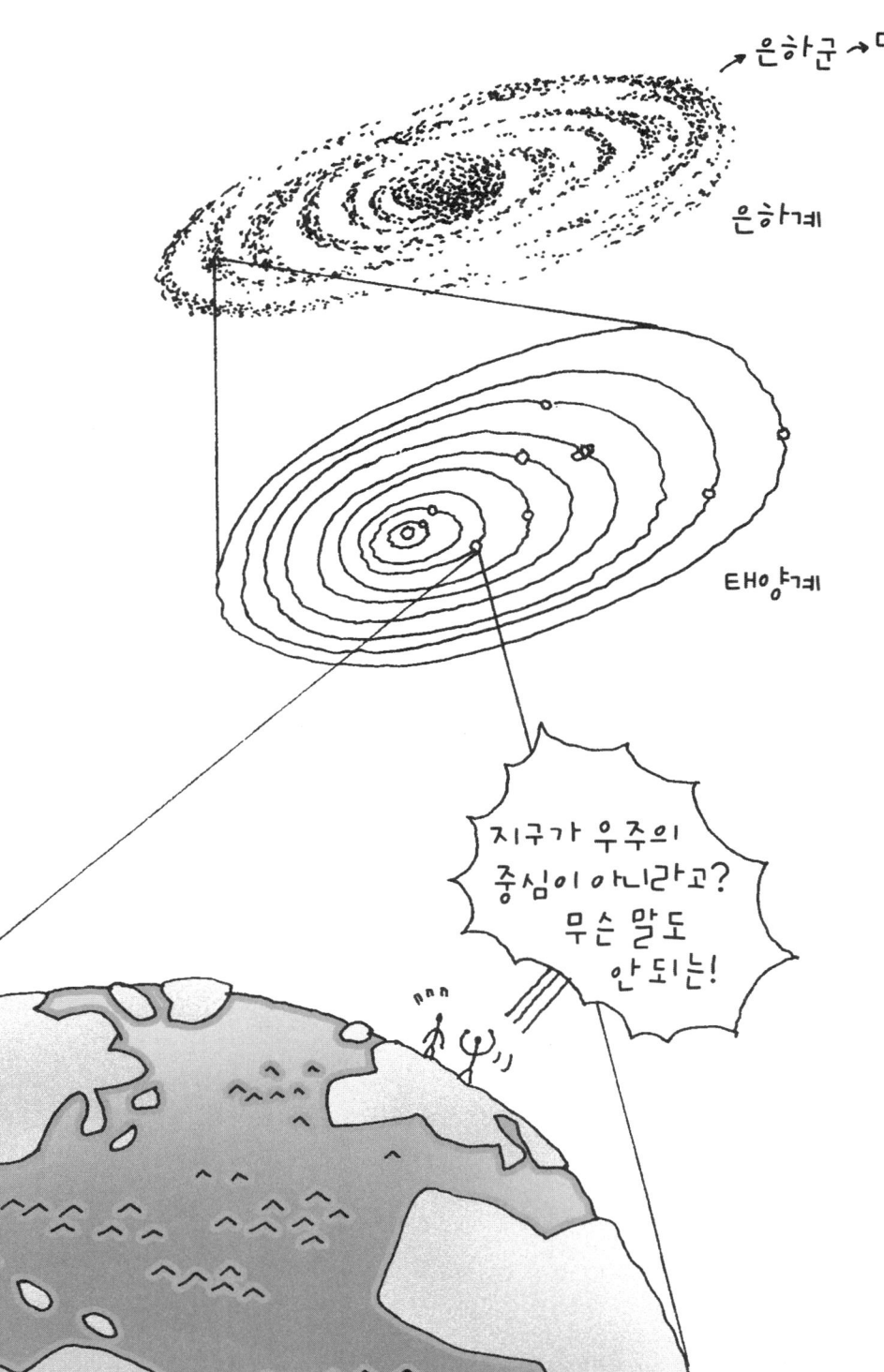

"브루노를 이단자로 낙인찍어 버리는 게 어떨까요?"

"이단자라, 거 좋은 생각입니다. 그렇게 합시다."

그 사람들은 회의 결과를 곧바로 발표했습니다.

"브루노는 우리 성스러운 종교계가 열렬히 지지하는 지구 중심설을 마음대로 비방하고 다니는 이단자이다. 그러니 브루노의 말을 절대로 믿어선 안 될 것이다."

옳은 걸 옳다고 말했다는 이유로, 브루노는 졸지에 이단자 신세가 되어 버렸답니다.

진실을 택한 브루노

하지만 브루노는 굴복하지 않았습니다. 높은 분들은 다시 회의를 열었고, 이번에는 아주 강도 높은 결정을 내렸습니다.

"이단자 브루노를 이탈리아에서 강제 추방하노라."

브루노는 억울하게도 자기 나라에서 쫓겨나는 일까지 당해야 했습니다.

하지만 지동설을 지지하는 브루노의 활동은 이탈리아 밖에서도 멈추지 않았습니다. 프랑스, 독일, 영국을 두루 다니며 더욱 열심히 지동설을 지지했습니다.

"여러분, 코페르니쿠스가 말한 대로 태양 중심설이 옳은 이론입니다!"

상황이 이렇게 되자, 이탈리아의 이웃 나라도 브루노를 이단자

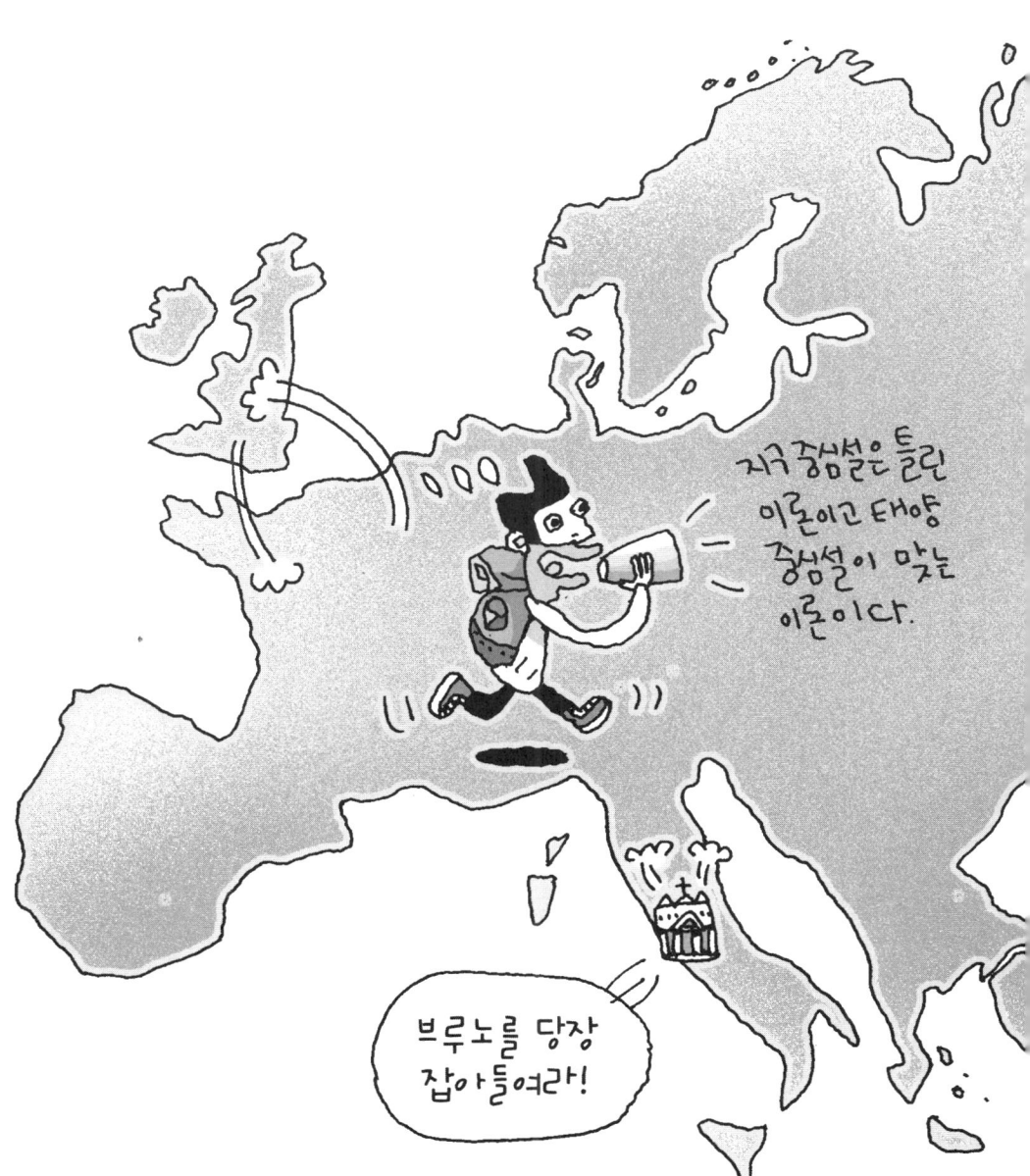

로 몰았습니다. 브루노는 이제 온 유럽이 주시하는 미운 오리 새끼가 된 것이지요.

그런데도 브루노는 지구 중심설이 틀렸다고 외치고 다녔습니다. 그러자 브루노를 어떻게 해 달라는 부탁이 이 나라 저 나라에서 줄을 이었습니다.

이탈리아는 브루노를 잡아들이라고 명령했습니다.

"브루노를 당장 끌고 와라!"

브루노가 재판정에 섰습니다.

"브루노는 들어라. 네가 한 짓은 죽어 마땅한 중죄이다. 하지만 우리는 너에게 마지막으로 용서를 빌 수 있는 길을 열어 주고자 한다."

재판장은 서슬이 퍼래져서 말했습니다. 그리고 다시 말을 이었습니다.

"네가 온 유럽을 돌아다니며 내뱉은 말이 전부 거짓이었다고 하면 극형에 처하지는 않겠다. 하지만 거부한다면 극형을 면하지 못할 것이다."

여러분, 브루노가 어떻게 대답했을까요? 브루노는 극형을 두려워하지 않았답니다. 자기 목숨보다는 진리를 선택한 것이지요.

브루노에게 내려진 극형은 광장에서 불에 타 죽는 화형이었습니다. 몸은 불 속에서 곧 재로 변해 버렸지만 브루노의 뜻과 생각은 오늘날까지 전해지고 있습니다.

신성과 혜성을 발견한 티코 브라헤

티코 브라헤는 혜성의 궤도가 타원이라는 것을 밝혔습니다.

관측의 천재

코페르니쿠스가 첫 문을 연 과학 혁명이 완성되기까지 여러 과학자들의 줄기찬 노력이 뒤따랐습니다. 이들은 우리가 잘 알고 있는 과학자들인 티코 브라헤, 케플러, 갈릴레이와 뉴턴입니다.

이 과학자들이 천문학 역사에 어떤 업적을 남겼는지 살펴보도록 하죠.

티코 브라헤는 귀족의 아들로 태어났습니다. 그래서 별 어려움 없이 별과 천체를 연구할 수 있었지요. 게다가 왕까지 티코 브라헤의 천문학 연구를 적극 도와주었답니다.

"섬을 줄 테니 열심히 연구해 보게."

티코 브라헤는 왕이 기꺼이 준 섬에 천문대를 세웠습니다. 그러고는 그곳에서 20여 년 동안이나 하늘을 관측했지요.

티코 브라헤는 천체 연구를 하면서 망원경을 사용하지 않았습니다. 그런데도 티코 브라헤가 관측한 천문 현상은 놀라울 만큼 정밀했습니다.

도대체 시력이 얼마나 되는지 모르지만, 티코 브라헤가 관측한 것은 인간의 눈이 얻을 수 있는 최고의 것이었답니다. 그래서 티코 브라헤를 가리켜 관측의 천재 또는 관측의 일인자라고 부른답니다.

신성과 혜성 발견

티코 브라헤가 천체를 관찰하면서 얻은 기록은 매우 많습니다. 그런데 더욱 놀라운 건 그 많은 자료 하나하나가 모두 천문학 발전에 많은 도움을 주었다는 사실입니다. 그 가운데에서도 특히 귀중한 걸 꼽으라면 신성과 혜성을 발견한 것입니다.

어느 날이었습니다. 티코 브라헤는 카시오페이아 별자리 부근을 유심히 바라보고 있었습니다. 유난히 밝게 빛나는 별이 보였기 때문이지요.

"이거 신기한 현상인걸."

티코 브라헤는 하루나 이틀 뒤면 별의 밝기가 다시 어두워질 것이라 예상했습니다. 그런데 예측과는 달리 일주일이 지나도, 한 달이 지나도 별의 밝기는 변하지 않았습니다. 오히려 나중에는 처음보다 더 밝아졌지요. 그리고 별의 색깔이 달라지는 것도 확인했습니다.

"별이 흰색에서 노란색으로, 노란색에서 붉은색으로 변했다."

티코 브라헤는 그것을 새롭게 나타난 별이라는 뜻으로 '신성'이라고 이름 지었습니다.

티코 브라헤는 혜성을 꾸준히 관측하고는 다음과 같은 사실을

알아냈지요.

"혜성의 궤도는 둥근 원이 아니라 타원이다."

아리스토텔레스 무너지다

티코 브라헤의 발견에서 정말 중요한 것은 무엇일까요? 신성과 혜성을 발견한 것일까요? 아닙니다. 물론, 신성과 혜성의 발견도 중요하지만, 그보다 더 중요한 건 신성의 색과 밝기가 변하고, 혜성이 원 모양으로 운동하지 않는다는 사실이지요.

고대 그리스 대학자 아리스토텔레스는 이렇게 주장했습니다.

"달보다 높은 곳에 있는 천체는 절대로 변하지 않는다."

그런데 티코 브라헤의 발견에서는 어떻게 나타났습니까? 달보다 더 높은 곳에 위치한 신성이 변했지요.

또한 아리스토텔레스는 주저하지 않고 이렇게 말했습니다.

"하늘에 떠서 움직이는 천체는 고귀하고 신성해서 반드시 원 모양의 궤도를 그리며 움직인다."

그런데 티코 브라헤가 발견한 혜성은 양 옆이 툭 불거져 나온 타원 모양으로 궤도를 그리며 운동했지요.

이렇게 해서 아리스토텔레스의 주장은 사실과 다르다는 것이 명백히 드러났습니다.

지동설과 천동설의 중간

티코 브라헤는 하늘을 직접 보면서 연구하는 걸 무척이나 중요하게 생각했습니다. 하지만 그렇다고 해서 이론을 완전히 무시한 건 아니랍니다.

"무턱대고 관찰만 하는 건 천문학 발전에 이롭지 않다."

이론의 도움 없이는 천문학이 크게 발전할 수 없다는 걸 티코 브라헤는 깨닫고 있었던 거지요.

티코 브라헤가 상상한 우주는 어떤 것이었을까요?

티코 브라헤는 코페르니쿠스의 우주에 매력을 느끼고 있었습니다. 하지만 지동설을 완전히 받아들이기는 어렵다고 생각했지요. 코페르니쿠스의 지동설을 그대로 받아들였다가는 높은 사람들의 미움을 사, 힘들게 연구한 업적이 헛되게 될 것은 물론이고, 브루노처럼 목숨을 잃을 수도 있었기 때문입니다.

그렇다고 해서 프톨레마이오스의 지구 중심설을 받아들이는 것도 마땅치 않았습니다.

티코 브라헤는 고민에 빠지지 않을 수 없었지요.

"지동설을 전부 믿기는 어렵고, 그렇다고 틀린 천동설을 받아들이기도 어려우니, 이것 참 혼란스럽구나."

결국 티코 브라헤는 이쪽으로도 저쪽으로도 치우치지 않은 자세를 취했답니다. 코페르니쿠스의 태양 중심설과 프톨레마이오스의 지구 중심설에서 뽑아 낸 주요 내용을 조금씩 합쳐서 새로운 우주

를 제시한 것이지요.

티코 브라헤는 지구 둘레를 달과 태양이 돌고 있고, 행성은 태양 둘레를 돈다는 이론을 세웠답니다.

티코 브라헤가 제안한 우주는 지구 중심설에는 만족하지 못하면서도 코페르니쿠스의 태양 중심설은 선뜻 받아들이지 못하고 있던 많은 사람들에게 큰 호응을 얻었답니다.

케플러의 운동 법칙

케플러가 발견한 법칙 덕분에 우주를 바라보는 눈은 한층 정밀하고 넓어지게 되었습니다.

케플러와 티코 브라헤의 만남

1600년은 천문학 역사에서 좋은 만남이 이루어진 해입니다. 천문학에 남다른 능력을 보이던 독일 젊은이가 당시 이름난 천문학자였던 티코 브라헤의 제자가 되어 연구를 함께 하게 되었기 때문이지요. 여기서 말한 독일 젊은이란, 천문학 이론의 기틀을 튼튼히 세운 요하네스 케플러입니다.

케플러는 처음에 신학을 공부했습니다. 하지만 그 뒤 천체의 운동을 틈틈이 공부하면서 천문학에 관심을 갖게 되었지요. 그리고 마침내 코페르니쿠스의 태양 중심설에 푹 빠지게 되었고, 곧 티코 브라헤와 역사적인 만남이 이루어지게 된 것이랍니다.

그런데 스승인 티코 브라헤와 제자인 케플러는 아주 다른 면을 추구하며 연구에 매달렸습니다.

스승인 티코 브라헤는 수학은 몹시 싫어했지만 관측을 무척 좋아하는 천문학자였지요. 반대로 제자인 케플러는 관측은 그다지 신경 쓰지 않지만 수학을 이용해 천문 현상을 연구하는 데 미친 사람이라고 할 만큼 이론에 굉장한 매력을 느끼는 천문학자였답니다.

이렇게 서로의 약점을 보완해 주는 두 사람이 만났으니, 잘 어울리는 한 쌍의 연구팀이 되었습니다.

케플러의 세 가지 법칙

하지만 티코 브라헤와 케플러의 만남은 오래 가지 못했습니다. 케플러가 티코 브라헤의 제자가 된 다음 해인 1601년, 안타깝게도 스승인 티코 브라헤가 세상을 떠났답니다.

케플러는 스승이 남긴 산더미 같은 자료를 참고로 천문 현상에 숨은 비밀을 풀기 위해 낮밤을 가리지 않고 연구에 몰두했습니다.

그러기를 10여 년, 마침내 위대한 결론을 이끌어 냈습니다.

이 위대한 결론이란, 케플러가 발견한 세 가지 운동 법칙을 말한답니다.

케플러의 세 가지 운동 법칙

첫째 법칙 : 지구를 포함해 태양 둘레를 도는 행성은 조금 납작한 타원을 그리며 돈다.

둘째 법칙 : 행성이 같은 시간 동안에 태양 둘레를 그리며 지나가는 면적은 똑같다. 다시 말해, 행성이 태양에 가까울수록 공전 속도가 빨라지고, 멀어질수록 공전 속도가 느려진다.

셋째 법칙 : 행성이 태양 둘레를 돌아 다시 돌아오는 데 걸리는 시간(공전 주기)은 태양에서 행성까지의 거리와 밀접한 관계가 있다.

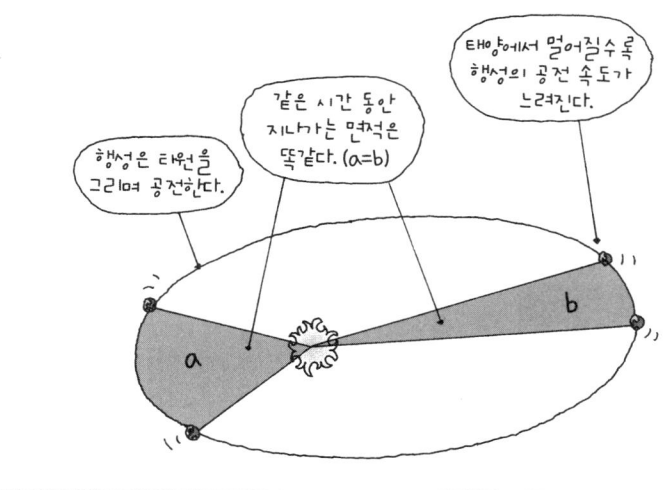

케플러가 이 운동 법칙을 발표하기 전까지만 해도, 지동설 지지자들조차 천체는 동그란 원 운동을 한다고 믿고 있었습니다.

케플러의 이런 발견 덕분에 우주를 바라보는 눈이 한층 정밀하고 넓어지게 되었습니다.

6 ...... 갈릴레이에서 우주 팽창까지

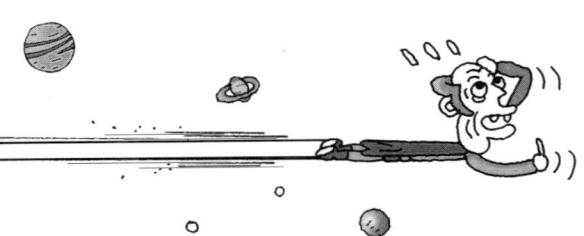

망원경과 갈릴레이

갈릴레이가 목성의 위성들을 발견하자, 지구 중심설은 더 버틸 수 없게 되었습니다.

고배율 망원경을 만들다

 1609년 여름, 갈릴레이가 친구의 바닷가 별장에 머물고 있었습니다. 친구가 호들갑스럽게 뛰어왔습니다.
 "갈릴레오, 갈릴레오!"
 "왜 그러는가, 전쟁이라도 났는가?"
 "그게 아니라, 깜짝 놀랄 만한 소식이 있다네."

친구가 말을 이었습니다.

"네덜란드 안경 기술자가 망원경을 발명했다고 하네."

"망원경, 그게 뭔가?"

"먼 곳에 있는 물체를 쉽게 볼 수 있는 기구라더군."

"가깝게 볼 수 있다는 뜻인가?"

"그렇다네."

그 말을 들으면서 갈릴레이의 머리에 번뜩 스치고 지나가는 생각이 있었습니다.

'배율이 높은 망원경을 만들면 하늘에 떠 있는 별과 행성을 뚜렷하게 볼 수 있지 않을까?'

배율이 높을수록 멀리 있는 물체를 가까이 있는 것처럼 잘 볼 수 있기 때문이지요.

이때부터 갈릴레이는 망원경을 만들어야겠다고 생각했습니다. 손수 렌즈를 깎고 렌즈가 빛을 굴절하고 반사하는 정도가 적당한지 점검했습니다.

그러기를 수백 번 되풀이하고는 마음에 드는 렌즈를 단 망원경을 만드는 데 성공했습니다.

망원경으로 하늘을 보다

여기서 한번 생각해 볼 것이 있습니다. 갈릴레이가 고배율 망원경을 만드는 것으로 만족했다면 어떻게 되었을까요?

성능 좋은 망원경을 만들어 낸 사람으로 알려졌을지는 모르지만, 위대한 과학자가 되지는 못했을 겁니다. 고배율 망원경만으로는 과학에서 커다란 의미를 가질 수 없기 때문입니다. 그 망원경을 이용해 뚜렷한 과학 업적을 쌓았을 때에야 비로소 의미가 있는 거지요.

갈릴레이는 서둘러 망원경으로 하늘을 올려다보았습니다. 이것이 바로 갈릴레이의 위대한 점이지요. 그래서 갈릴레이를 훌륭한 과학자로 길이길이 기억하는 것이랍니다.

배율이 높은 망원경이 천문학 발전에 공헌한 것은 이루 다 말할 수 없을 정도입니다. 아주 멀리 떨어져 있어서 눈으로는 볼 수 없는 별과 행성을 고배율 망원경을 사용하면 어렵지 않게 볼 수 있게 되었으니까요.

그럼, 갈릴레이가 망원경을 이용해 어떤 업적을 이루어 냈는지 알아보지요.

우주의 새 모습을 알려 주다

갈릴레이가 망원경을 통해 본 하늘은 그야말로 놀라웠습니다. 말로 설명하기 힘들 만큼 아름다운 풍경이 끝없이 펼쳐져 있는 공간, 그것이 바로 우주였습니다.

우주는 생각했던 것보다 훨씬 크고 넓었으며, 별도 평생 세어도 셀 수 없을 만큼 많았습니다.

갈릴레이가 망원경으로 찾아낸 기록은 여러 가지이지만, 그 가운데서도 이름난 것 몇 개를 예로 들어 봅시다.

> "태양에는 흑점이 있다."
> "달 표면은 매끄럽지 않고, 지구 표면처럼 울퉁불퉁하다."
> "달의 모습이 변하듯 금성의 모습도 변한다."
> "목성 가까이에는 목성 둘레를 도는 위성 네 개가 있다."
>
> *흑점: 태양이 무진장 뜨겁긴 해도 어느 곳은 온도가 높고 또 어느 곳은 온도가 낮을 겁니다. 그 가운데 온도가 낮은 지역은 검게 나타나는데, 그곳을 흑점이라고 부른답니다.

이런 발견은 하늘의 모습을 모르고 있던 당시 사람들을 크게 놀라게 했습니다.

"우주가 이렇게 신비한 곳인 줄 왜 몰랐을까?"

"지구에서 사는 것은 우물 안 개구리 같았구나!"

갈릴레이의 발견은 우주에 대해 그릇된 생각을 갖고 있던 사람들에게 새로운 모습을 알려 주는 결정적인 구실을 했던 것이지요.

위성 발견의 의미

갈릴레이가 망원경을 통해 찾아낸 것 가운데 가장 빛나는 것을 들라면 단연 위성의 발견입니다.

1610년, 갈릴레이는 목성 가까이에 위성 네 개가 있다는 사실을 발견했지요. 위성 이름은 다음과 같습니다.

에우로파, 이오, 가니메데, 칼리스토

갈릴레이가 목성의 위성을 발견했다는 사실만 놓고 보면 앞의 세 개의 발견(태양에는 흑점이 있다. 달 표면은 매끄럽지 않고 지구 표면처럼 울퉁불퉁하다, 달의 모습이 변하듯 금성의 모습도 변한다)과 별로 다르지 않지요. 하지만 위성을 발견하고 난 다음에 미친 영향력을 따진다면 그렇지가 않답니다.

목성 둘레에 위성 네 개가 있다는 발견은 그때에는 적잖은 파문을 일으켰는데, 그 까닭은 이렇습니다.

그때 사람들이 믿고 있던 우주는 지구를 중심으로 돌아가는 우주였습니다. 우주의 모든 천체가 지구 둘레를 돌아야 하는 것이지요. 그런데 지구가 아닌 목성 둘레를 돌고 있는 새로운 천체(목성의 위성들)를 갈릴레이가 발견한 것이지요.

이것은 우주의 모든 천체가 지구를 중심으로 공전한다는 지구 중심설이 틀렸다는 강력한 증거입니다. 이로써 지구 중심설은 더는 버틸 수 없게 되었답니다.

갈릴레이는 케플러와는 다른 방식으로 코페르니쿠스의 태양 중심설이 옳다는 걸 밝혀 낸 것이지요.

그래도 지구는 돈다

갈릴레이를 가둘 수는 있어도, 진리의 힘을 막을 수는 없었답니다.

종교 재판

갈릴레이는 이단자로 몰려 종교 재판을 받게 되었습니다. 그 까닭은 브루노와 마찬가지로 지구 중심설이 틀렸다고 주장했기 때문이지요.

정말 어처구니가 없지요. 틀린 것을 틀렸다고 말한 게 죄가 되어서 벌까지 받아야 하다니!

당시 엄청난 힘을 가지고 있던 사람들 앞에서 갈릴레이는 어떤 재판을 받았을까요?

1633년, 이탈리아 로마의 한 수도원에서 갈릴레이의 재판이 열리고 있었습니다.

"그대 갈릴레이는 세 가지 죄를 저질렀기 때문에 오늘 이 자리에 서게 되었노라.

첫째, 그릇된 사실을 옳은 것처럼 많은 사람들에게 알린 죄.

둘째, 성서에서 가르치는 사실과 반대되는 사실을 사람들에게 퍼뜨린 죄.

셋째, 예전에도 이와 비슷한 일로 종교 재판소에 고발된 적이 있었는데도, 그걸 어기고 똑같은 짓을 저지른 죄.

그리하여 종교 재판부는 다음과 같은 결론을 내리노라.

첫째, 우주의 모든 천체가 태양 둘레를 돌고 있다는 그대의 주장은 사실에도 어긋날 뿐만 아니라 성서에도 위배된다.

둘째, 태양이 우주의 중심이라는 건 사실과 다를 뿐만 아니라 철학적, 신학적으로도 잘못된 것이다.

우리 종교 재판부는 이전에도 그대 갈릴레이를 풀어 준 적이 있다. 다시는 이런 얼토당토않은 걸 생각하지도, 남에게 알리거나 가르치지도 않는다는 조건으로 말이다. 그리고 그 자리에서 그대 또한 그렇게 하겠노라고 맹세했노라. 그렇지 않은가?"

"그렇습니다."

갈릴레이가 힘없이 대답했습니다.

재판장이 다시 판결문을 읽어 나갔습니다.

"그런데 그대는 그런 맹세를 어겼다. 이것은 매우 중대한 잘못이 아닐 수 없다. 그래서 종교 재판부는 그대 갈릴레이에게 다음과 같은 최종 판결을 내리노라."

재판장은 잠시 헛기침을 한 뒤, 판결문을 다시 읽었습니다.

"그대 갈릴레이는 성서에 어긋나는 사실을 많은 사람에게 알리는 중대한 실수를 저질렀을 뿐 아니라, 또한 그런 행동이 잘못이라고 이 자리에서 뉘우친 뒤에도 계속해서 그것을 믿고 지지하는 행동을 해 왔다. 그 결과 그대는 맹세를 어긴 자에게 내리는 비난과 형벌을 받아 마땅하다고 본다.

"하지만 우리 종교 재판부는 그대 갈릴레이가 과학 발전을 위해 지금껏 애써 온 업적을 인정해 다시 한 번 그대에게 은총을 내리고자 한다. 참된 마음과 성실한 신앙심으로 지금 이 자리에서 다시는 그와 같은 잘못을 저지르지 않겠다고 한다면 말이다. 그대 갈릴레이는 이런 종교 재판부의 결정을 인정하고 받아들이겠는가?"

"네."

갈릴레이는 고개를 끄덕였습니다.

재판장이 판결문을 읽었습니다.

"하나, 우리 종교 재판부는 갈릴레이의 책이 사람들에게 알려지는 걸 지금 이 순간부터 금지한다.

둘, 우리 종교 재판부는 그대 갈릴레이를 일정한 기간 동안 종교 재판소에 가두고자 한다.

셋, 우리 종교 재판부는 그대 갈릴레이가 참되게 뉘우치게 하기 위해 삼 년간 시편을 외울 것을 명령한다.

이렇게 함으로써 우리 종교 재판부는 그대 갈릴레이를 비난과 형벌에서 사면해 주는 걸 기쁘게 생각하는 바이다."

판결문 낭독이 끝나자, 종교 재판부는 갈릴레이를 꿇어 앉히고 서약을 하게 했습니다.

진리는 영원하다

힘 있는 사람들은 이렇게까지 하면서 태양 중심설이 사람들에게 알려지는 것을 막으려 했습니다. 하지만 진리는 그 누구도, 그 어떤 힘으로도 막을 수 없지요. 비록 힘으로 잠깐 동안 막을 수는 있겠지만 말입니다.

종교 재판을 받고 나온 갈릴레이가 친구와 제자들에게 속삭이듯 건넸다는 유명한 말이 있잖아요?

"그래도 역시 지구는 돈다."

이처럼 진리는 역사 속에서 영원히 죽지 않고 전해진답니다.

근대 과학을 완성한 뉴턴

뉴턴은 만유인력의 법칙을 발견해 천문학이 한층 더 발전하도록 했습니다.

또 한 사람의 천재 과학자

1642년은 과학의 역사에서 몹시 서글픈 해였습니다. 근대 과학의 문을 연, 갈릴레이가 세상을 떠난 해이기 때문이지요. 하지만 하늘도 무척이나 슬펐던지 바로 그 해에 위대한 과학자 한 사람을 또 보내 주었습니다. 그 사람이 바로 뉴턴입니다.

뉴턴 하면 우리는 서슴없이 사과나무 이야기를 떠올리지요. 갈릴레이 하면 주저 없이 피사의 사탑에서 자유 낙하 실험을 한 것을 생각하는 것처럼 말이에요.

과학의 역사를 통틀어 과학을 가장 뚜렷하게 발전시킨 인물을

세 사람 꼽으라고 하면 누굴 뽑을까요? 모르긴 해도 갈릴레이, 뉴턴, 아인슈타인을 뽑는 데 주저하지 않을 것입니다. 그리고 과학자를 두 사람 선택하라고 하면 많은 사람들이 뉴턴과 아인슈타인을 뽑을 것입니다. 그 만큼 과학 역사에서 뉴턴이 이룩하고 남긴 업적이 대단하다는 뜻이지요.

갈릴레이가 문을 연 근대 과학을 완성한 인물이 바로 뉴턴이랍니다.

천문학에서 뉴턴이 이룬 업적은 태양 중심설을 완성했다는 것입니다. 코페르니쿠스가 주장하고 케플러와 갈릴레이가 고치고 발전시킨 지동설을 완성하면서, 그로부터 만유인력의 법칙을 발견했지요.

자, 그러면 뉴턴이 만유인력의 법칙을 이용해 어떻게 천문학의 발전을 이루었는지 알아보겠습니다.

흑사병 때문에

뉴턴의 어린 시절은 그리 행복하지 못했습니다. 엄마 뱃속에 있을 때 아버지가 돌아가셨지요. 게다가 몸이 몹시 약했고, 공부를 특별히 잘한 것도 아니었습니다. 아인슈타인처럼 뉴턴의 어린 시절 학교 성적은 상위권이 아니었답니다.

하지만 그 뒤 뉴턴은 열심히 공부했고, 세계 최고 명문 대학인 케임브리지에 당당히 입학했습니다. 케임브리지 대학에서 뉴턴은 여러 유명한 학자들에게서 큰 영향을 받으며 능력을 발휘하기 시작했지요.

그런데 갑자기 1665년 영국에 흑사병이 퍼지는 사건이 일어났습니다. 하루가 다르게 흑사병으로 사람들이 죽어 나가자, 흑사병이 사라질 때까지 학교를 쉬게 되었습니다. 학생들은 흑사병을 피해 학교를 떠나야 했지요. 뉴턴은 어머니가 계신 고향 집으로 내려갔습니다.

만유인력의 법칙 발견

오랜만에 고향 집으로 돌아간 뉴턴은 어머니 농사일을 거들며 남는 시간에는 생각하는 일에 몰두했습니다.

그러던 어느 날, 사과나무 옆에서 곰곰이 생각에 잠겨 있는데, 사과가 툭 떨어지는 것이었습니다. 갑자기 무슨 생각이 떠올랐는지, 뉴턴은 사과와 사과나무를 번갈아 쳐다보며 잠시 생각에 잠기는가 싶더니 이내 중얼거렸습니다.

"사과가 왜 떨어진 걸까?"

뉴턴의 의문은 여기서 멈추지 않고 한 걸음 더 나아갔지요.

"사과는 왜 아래쪽으로 떨어질까?"

이것이 바로 그 유명한 사과에 관한 이야기랍니다. 여기에서 출발한 뉴턴의 호기심은 만유인력의 법칙을 발견하게 했지요.

사과가 떨어진 것은 지구가 잡아당기는 힘 때문이며, 지구뿐만 아니라 사과와 모든 물질이 다 가지고 있는 힘이라는 법칙을 말입니다.

뉴턴은 뒤에 《프린키피아》라는 책을 펴냈습니다. 이것은 너무도 유명한 책으로, 만유인력 법칙을 비롯해 뉴턴이 이루어 낸 거의 모든 업적이 고스란히 담겨 있지요. 이 책을 통해 그때까지의 천문학은 한층 더 발전하게 되었습니다.

태양계 새로운 행성을 예측하다

만유인력의 법칙은 해왕성을 발견하는 데 큰 도움을 주었습니다.

뉴턴의 예측

뉴턴은 자연 속에 숨은 비밀을 밝혀 내기 위해 만유인력의 법칙을 이용했습니다. 그러고는 이전에는 아무도 해 내지 못한 놀랄 만한 성과를 거두었지요. 예를 들면, 다음과 같은 원인을 정확하게 설명해 냈답니다.

"케플러가 발견한 세 가지 운동 법칙을 완벽하게 증명했다."

"바다에 밀물과 썰물이 나타나는 까닭을 아무런 모순 없이 밝혀 냈다."

그뿐만 아니라 뉴턴은 만유인력의 법칙을 태양계 행성에 적용했습니다. 태양, 수성, 금성, 지구, 화성, 목성, 토성 따위로 이루어

진 태양계의 생김새가 정확한지 알아보기 위해서였습니다. 그런데 이 과정에서 뜻밖의 결과가 나왔답니다.

"어, 이상한데? 생각한 모양과 다르네."

만유인력의 법칙을 적용해 보니, 태양 둘레를 도는 행성의 운동이 생각했던 것과 달랐던 것이지요. 뉴턴은 그 결과를 이렇게 예측했습니다.

"태양계 안에 또 다른 행성이 있기 때문이다."

예측의 근거

뉴턴이 이렇게 자신 있게 예측할 수 있었던 이유는 뭘까요?

그 이유를 알려면, 우선 만유인력의 법칙을 알아야 한답니다. 만유인력의 법칙의 주요 내용은 다음과 같습니다.

"우주에 존재하는 모든 물체는 서로 끌어당기는 힘이 있다."

이 법칙대로라면, 우리 둘레에 있는 모든 것이 서로 잡아당긴다는 말이지요. 그러니까 지구가 사과를 잡아당기면 사과도 지구를 끌어당긴다는 뜻이지요.

그러니 태양계 속 행성도 만유인력의 법칙에 따라 서로 잡아당기고 있겠죠. 다시 말해 수성과 금성, 지구와 달, 화성과 목성, 지구와 목성, 화성과 토성이 끊임없이 잡아당기고 있는 거지요.

그러니까 뉴턴의 예측대로 행성이 하나 더 있다면 잡아당기는 힘은 달라질 겁니다. 쉽게 생각해서, 둘이 잡아당길 때와 셋이 끌어당길 때의 힘이 같을 수 없는 것과 마찬가지지요.

그런데 만유인력의 법칙으로 계산해 보니 그때까지 알고 있던 행성 궤도와 차이가 났던 거지요. 그래서 뉴턴이 아직 발견하지 못한 행성이 더 있다고 거침없이 주장한 것이랍니다.

뉴턴의 예측이 틀리지 않았다는 것은 나중에 밝혀졌지요. 만유인력의 법칙으로 예측했던 지점에서 태양계의 새로운 행성을 정확하게 발견한 것입니다.

해왕성의 발견

18세기 말, 영국의 천문학자 허셸이 망원경으로 천왕성을 발견했습니다. 그러자 천문학자들은 기다렸다는 듯이, 천왕성에 만유인력의 법칙을 적용해 보았답니다. 그런데 예상 밖의 결과가 나왔습니다. 만유인력의 법칙으로 계산한 값과 실제로 관측한 값이 맞질 않았던 거지요.

"이게 어찌 된 일이지!"

천문학자들은 당황했습니다.

"만유인력의 법칙으로 계산한 값이 실제와 다르네. 이걸 어떻게 해석해야 하나?"

천문학자들은 계속 고민하다 다음과 같은 결론을 내놓았답니다.
"천왕성 밖에 새로운 행성이 더 있기 때문이 아닐까?"

천왕성보다 더 멀리 떨어져 있으면서, 천왕성의 공전에 영향을 주는 또 다른 행성이 있다고 예상한 거지요.

천문학자들은 만유인력의 법칙을 사용해서 새로운 행성이 위치해 있을 만한 장소를 꼼꼼히 계산했지요. 그러고는 천체 망원경을 사용해 그곳을 자세히 관찰했답니다.

그랬더니 예상한 대로였습니다. 만유인력의 법칙이 예상한 그 언저리에 행성이 또 하나 자리하고 있었던 거지요. 이것이 바로 태양계 여덟 번째 행성인 해왕성이랍니다.

우주가 팽창하고 있다

허블은 천체 망원경을 통해 우주가 팽창한다는 증거를 찾아냈습니다.

가모브의 빅뱅과 르메트르의 생각

앞에서 우주가 아주 오래 전에 커다란 폭발에 의해 탄생했고, 그것을 빅뱅이라고 한다는 말을 했지요?

우주의 대폭발 이론은 옛 소련 출신이면서 미국의 천문학자이고 물리학자인 조지 가모브가 처음으로 제안한 것입니다.

그런데 가모브가 대폭발 이론을 공식 발표하기 전, 벨기에의 천

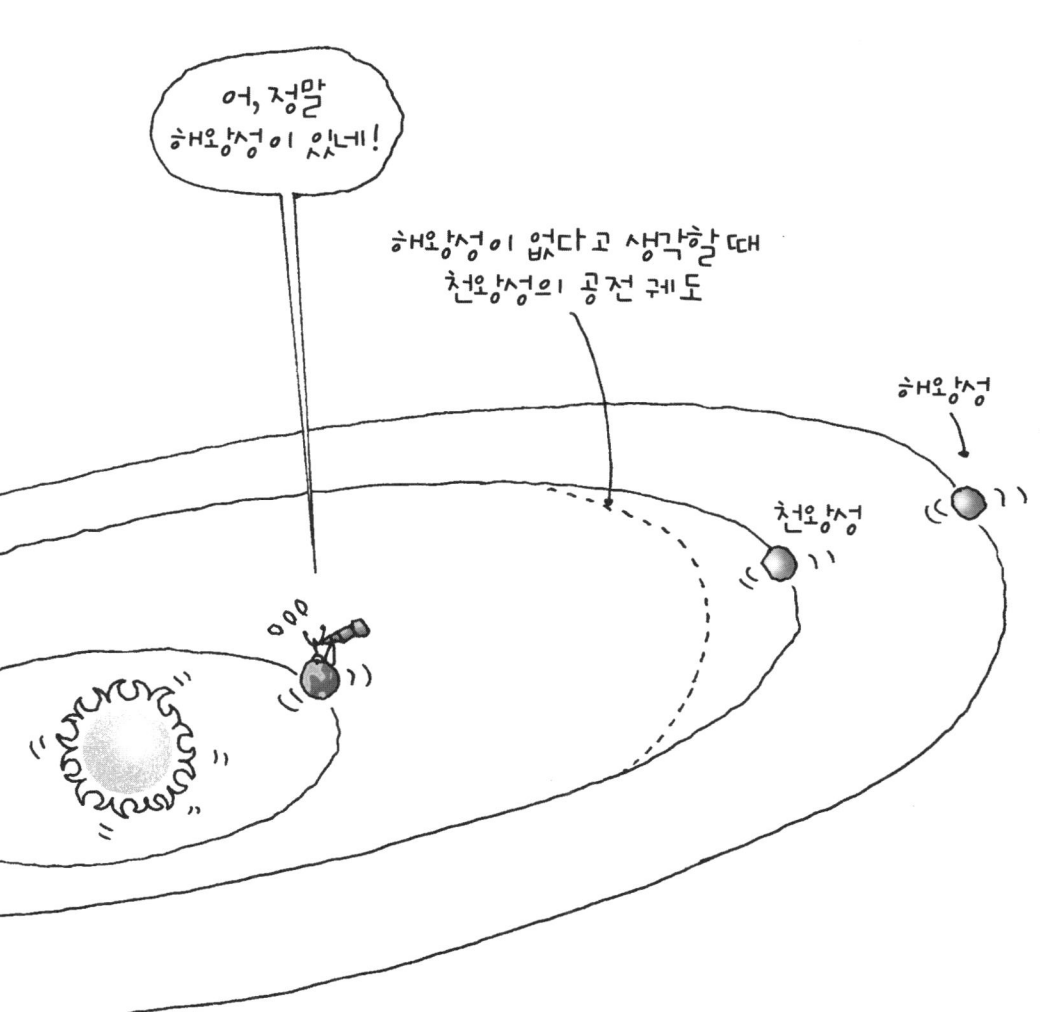

문학자인 르메트르도 이렇게 말했지요.

"우주의 모든 물질은 처음엔 한 덩어리로 압축되어 있었다. 그러다가 폭발해 은하를 만드는 물질을 만들어 냈다."

가모브의 빅뱅 이론과 상당히 비슷하지요. 그런데 그때의 사람들은 르메트르가 한 이 말에 담긴 깊은 뜻을 알아채지 못했습니다. 뿐만 아니라, 믿으려고 하지도 않았답니다. 솔직히, 그때까지 우주가 움직이고 있다고 생각한 과학자는 거의 없었거든요.

천재 물리학자인 아인슈타인조차 우주 방정식을 풀다가 우주가 팽창하고 있다는 결론을 얻었으면서도 그걸 받아들이지 못하고 자기 계산이 틀렸다고 생각했을 정도니까요.

그런데 1929년, 르메트르의 말과 가모브의 대폭발 이론을 뚜렷하게 밝혀 주는 증거가 발표되었습니다. 천문학의 역사에서 가장 뛰어난 발견이라고 해도 누가 뭐랄 수 없는 그런 발견이지요.

"우주가 팽창하고 있다!"

이 소식은 순식간에 온 세계로 알려지며 천체 물리학자들의 마음을 들뜨게 했습니다. 자, 그러면 우주가 팽창하고 있다는 증거를 어떻게 밝혀냈는지 알아보겠습니다.

우주 팽창의 증거

20세기 초 미국의 천체 물리학자인 허블은 천체 망원경으로 우주를 연구하면서 다음과 같은 사실들을 알아냈지요.

> "은하까지의 거리를 잴 수 있는 방법."
> "우주에는 우리 은하 말고도 다른 은하가 헤아릴 수 없이 많이 있다."
> "다른 은하의 크기도 우리 은하와 엇비슷하며 그 안에는 별이 수없이 많이 들어 있다."
> "은하들이 계속 멀어지고 있다."

이 발견에서 가장 눈여겨보아야 하는 건 당연히 마지막 것입니다. 왜냐하면 은하가 자꾸 멀어지고 있다는 건 우주가 제자리에 머물러 있지 않다는 증거이기 때문입니다. 이것은 부풀어 오르는 풍선처럼 우주가 팽창하고 있다는 확실한 증거이지요.

이렇게 해서 허블은 우주가 멈춰 있지 않다는 아주 놀라운 사실을 알아낸 것이랍니다.

그제야 천문학자들은 우주 팽창에 대한 르메트르의 말에 귀를 기울이기 시작했고, 우주의 신비에 다시 한 번 감탄했답니다.

우주 팽창 문제는 우주를 바라보는 태도에 많은 생각을 하게 해 주었습니다. 우주가 팽창한다면 언제까지 팽창할 것인지가 먼저 궁금하지 않을 수 없었지요.

끝없이 자꾸자꾸 팽창할 것인지, 아니면 팽창을 멈출 것인지, 그도 아니면 다시 원래대로 작은 점으로 찌그러들지를 알고 싶었던 거지요. 하지만 아직은 이에 대한 정확한 답을 알지 못하고 있답니다.

어린이 여러분은 우리 우주의 미래가 어떻게 변할 거라고 생각하나요? 그 답을 찾는 꿈을 이 책을 다 읽은 오늘 밤, 꼭 꾸어 보도록 하세요.

여우오줌 과학여행 5

네모난 지구가 동그래지기까지

글쓴이 · 송은영
그린이 · 김영민

초판 1쇄 발행일 · 2004년 4월 10일
초판 2쇄 발행일 · 2005년 12월 10일

펴낸이 · 손상열
펴낸곳 · 여우오줌 출판사
출판 등록 · 2001년 7월 31일 제10-2193호
주소 · 서울시 구로구 구로5동 107-8 미주오피스텔 2동 808호
전화 · 02)323-7243
전송 · 02)323-7244
전자 우편 · foxshe@hanmail.net

ⓒ 송은영, 2004

ISBN 89-90031-22-2 73440